DEDICATORIA

Este libro se lo dedico a mi esposa Basia, a mis dos hijos
Tere y Rysiu y a mis tres nietos, Danny, Martín y Gabi.
Le agradezco a Susana Vignale, quien corrigió a mi pobre
Castellano y a Adrián quien ayudó en la edición.

Janusz Meyerhoff

MISTERIOS DE LA MENTE

Cómo pensamos, en qué creemos, cómo actuamos y porqué.

ÍNDICE

INTRODUCCIÓN

¿Quiénes somos?
Esta pregunta inquietó a las mentes humanas durante incontables generaciones. Es imposible responderla por completo, sin embargo, intentaré describir las personalidades humanas lo más exactamente posible.

Espero que la siguiente explicación ayude a conocernos a nosotros mismos, cuáles son nuestras verdaderas motivaciones, cómo pensamos y sentimos y por qué.

Las características mentales, que expondré separadamente, son en realidad una parte indivisible de la mente del ser humano. Sin embargo, esta separación ficticia es la única manera que conozco para describirlas.

CONCIENCIA DE UNO MISMO

"Conciencia de uno mismo" es el momento cuando estamos concientes de lo que ocurre dentro de nuestra mente.

Probablemente este importante paso en la evolución de la mente comienza cuando nuestra especie emerge de la neblina de conocimiento de su entorno, y luego llega a ser conscientes de su propia mente.
Cuándo y por qué sucedió, trataré de explicarlo en el capítulo donde hablo del alma.

Este mismo proceso se puede observar en los niños cuando por primera vez dicen "Yo". Es la expresión de 'la conciencia de uno mismo", algo que a partir de ese momento y durante todas sus vidas, les traerá tantas dificultades y logros

Este importante paso en la evolución de la mente del "Hombre Moderno", está relatado simbólicamente en el Génesis, en la Biblia. Adán y Eva fueron expulsados del paraíso donde su vida era simple, totalmente instintiva, porque Adán, al comer la manzana (fruto prohibido: símbolo de la sabiduría) perdió su incorruptibilidad. En cambio, obtuvo el don de poder alcanzar el conocimiento (Conciencia de uno mismo), a través del esfuerzo y sufrimiento.

Esto es el principio del pensamiento abstracto, de la imaginación, de las imágenes mentales, de los ritos, de los ídolos, del arte, de la mitología, de las creencias, etc., en

fin, de todas las características mentales que nos caracterizan a los humanos.
Sin embargo ninguna de estas características mentales es eterna.

Esto nos lleva al próximo capítulo en el que trato de la inmortalidad del alma.

¿EL ALMA ES INMORTAL?

Según la definición de la Enciclopedia Británica, alma significa:

En las religiones y filosofías de occidente el concepto "alma" significa; aspecto inmaterial o esencia del ser humano que confiere la individualidad. Generalmente se considera como sinónimo de mente, o del ego, o de uno-mismo.

En teología, el alma se define como una parte del individuo que comparte con la divinidad y que continúa viviendo después de la muerte.

Estas definiciones provocan más interrogantes que respuestas:

¿Qué es el aspecto inmaterial?

¿De qué se compone? ¿De pensamientos, emociones, voluntad, memoria, intelecto, conciencia?

¿De todos, o sólo de algunos?

¿De uno solamente?

¡Son muchas preguntas y todas sin respuesta!

Probablemente, la creencia en el alma empezó cuando por primera vez los humanos tuvieron conciencia de su propia individualidad, y de la inevitable muerte.

¿Cuándo sucedió? ... ¡Es imposible saberlo!

Sin embargo en excavaciones arqueológicas, se hallaron tumbas, teniendo algunas hasta 100 mil años de antigüedad. Estas tumbas encontradas tenían ofrendas, lo que evidenciaba la creencia en la vida después de la muerte. Los primitivos humanos sepultaban a sus seres queridos con objetos que, según sus creencias, el difunto necesitaría después de la muerte. Esto es una prueba irrefutable de la creencia en la vida después de la muerte, y evidentemente de que el alma era inmortal.

La conciencia de la propia muerte es la peor amenaza del ser humano que originó y sigue originando, terribles miedos.
Este asustado ser humano, ¿dónde debía buscar ayuda para poder controlar estos miedos? ¿Cómo fue que lo logró? Creyendo que ÉL realmente no moría, que su alma era inmortal y por lo tanto, eterna.
 Este es el principio de las religiones. Casi todas, excepto el Budismo, afirman que una parte del ALMA, sigue viva después de la muerte.

Pero antes de seguir, quiero relatarles un curioso experimento. Una persona fue pesada antes y luego inmediatamente después de morir. El resultado fue sorprendente, la persona pesaba menos muerta. La diferencia de peso era ínfima pero verificable. Por esta razón podemos decir que el alma que deja el cuerpo al morir, es materia.

Actualmente se utiliza la palabra "ALMA" para explicar las creencias de algunas religiones; tanto contemporáneas como antiguas. ¡Esto no tiene sentido! La gente que no pertenece a la Cultura Occidental piensa de otra manera y tiene otros conceptos. La palabra "alma" tiene únicamente validez dentro de las religiones contemporáneas y las filosofías de occidente.
La cantidad de diferentes creencias de la humanidad es absolutamente asombrosa y tengo la intención de describir varias de ellas, pertenecientes a filosofías y

religiones del pasado y del presente: empezando por las más antiguas.

LA CULTURA CHINCHORRO

Las primeras momias fueron encontradas en la costa de Chile a principios del Siglo XX. Cuando los arqueólogos empezaron a estudiarlas se quedaron sorprendidos por su antigüedad; databan de los años 5.000 al 1700 AC.
¡Ya embalsamaban a sus muertos 2000 años antes que lo hicieran los antiguos egipcios y antes de que fueran construidos los monumentos megalíticos en Europa! Sin embargo, era un pueblo primitivo en la etapa evolutiva de los cazadores-recolectores.

No conocemos nada sobre sus creencias; no dejaron nada escrito. Sin embargo, el mismo hecho de embalsamar es una evidencia de la creencia en el alma. Todos eran embalsamados, desde los pequeños niños hasta los ancianos. no importando la edad, sexo o clase social a la que pertenecieran.

EL ANTIGUO EGIPTO

El símbolo de elemento inmortal del alma era el pájaro ("bai" o "ba") y la sombra ("ka"), que era idéntica a la persona y que podía sobrevivir al cuerpo y residía en las pinturas o las estatuas. Y KHNUM que era la parte del alma que consumía las ofrendas y escuchaba las plegarias de los familiares de los muertos.

Luego estaba AKH que era la parte espiritual obtenida solamente después de la muerte. El alma, después de la muerte, tenia que ser pesada y si era más liviana que una pluma podía llegar hasta Osiris (el dios supremo).

LOS ANTIGUOS CHINOS

Los antiguos chinos creían que al morir el alma se dividía en dos partes: una iba al paraíso, y la otra quedaba en el cuerpo. Esta parte que quedaba en el cuerpo debía ser apaciguada; de lo contrario se convertía en demonio.

Las sepulturas de los poderosos y especialmente de los emperadores eran decoradas con una gran cantidad de objetos prácticos y ceremoniales, que le servirían al emperador y su familia en el mundo espiritual.

El HINDUISMO

En el hinduismo el concepto de alma es Atman, que significa "uno mismo" y es el reflejo de lo absoluto (brahmán).

En la filosofía hindú el alma es lo único que existe y transmigra de un cuerpo al otro.
La vida humana es cíclica. Después de morir, el alma deja el cuerpo y renace en el cuerpo de otra persona, o de un animal, o inclusive de un vegetal. Este proceso se llama Samsara.
El tipo de reencarnación se determinaba de acuerdo al resultado de la forma de actuar (karma) que había tenido, se tomaba en consideración lo que el alma había realizado durante su vida o inclusive durante sus vidas pasadas.

LOS ANTIGUOS HEBREOS

Tenían el concepto del alma, pero no separada del cuerpo. Con el tiempo los escritores y filósofos judíos desarrollaron mucho más esta idea.

ZOROASTRO

Fue el creador de la religión (**Zoroastrismo)** en la antigua Persia. Las creencias consistían en que después de la muerte, el alma de cada persona sería juzgada en el "Puente de la discriminación". Los que pasaran el tribunal llegarían al paraíso y los que fallaban, al infierno.

BUDISMO

Según el budismo la existencia humana está conformada por cinco realidades (Skandas): el cuerpo material, las emociones, las percepciones, las tendencias kármicas y la conciencia.
Cada persona es simplemente una combinación temporal de estas cinco realidades y todas están sujetas a continuos cambios.
El budismo afirma que en toda existencia humana (vida) existen tres componentes característicos: Anatmán (la no posesión del alma), Anitya (la no permanencia) y Dukkha (el sufrimiento).

La doctrina de Anatmán consiste en la reencarnación sin la trasmigración del alma.

FILÓSOFOS GRIEGOS

- FILO

Su doctrina era estrictamente dualística. El cuerpo es la prisión del alma que aspira elevarse a Dios.
La ética de Filo consistía en la liberación de los instintos.

Filo afirmaba que la ayuda de Dios era necesaria para que el ser humano pudiera ser virtuoso y alcanzar la verdad. En el caso de los sabios consideraba que sus almas estaban libres de las ataduras de los sentidos, no así en el caso de todas las otras almas que, al morir la persona, debían pasar a un nuevo cuerpo.

- PITAGORAS

Creía en la trasmigración del alma de un cuerpo a otro; inclusive entre distintas especies.
Cuando un hombre llevaba una vida pura, su alma era liberada de las ataduras de los instintos.
Describía que el alma se componía de fuego, aire, calor y respiración, y tenía gran afinidad con los cuerpos celestes.
La vida consistía en una serie de tabúes y preceptos morales.
Todas las noches, los discípulos debían hacerse tres preguntas:
¿En qué fallé hoy?
¿Qué hice de bueno?
¿Qué es lo que no tendría que haber hecho?

- PLATON

Platón afirmaba que el Alma, contrariamente a la materia, era la causa del movimiento espontáneo.

Existía el "alma del mundo" que era racional y buena y que dirigía al universo.

En el diálogo "Faedo", Platón relata que su alma era prisionera de su propio cuerpo, especialmente de los sentidos.

Él filósofo debía abstenerse de los deseos, placeres, dolores y miedos. Cada placer y cada dolor, eran una especie de clavos que unían el cuerpo al alma.

El alma imaginaba que los sentidos eran reales; aunque no era así.

Platón también afirmaba que el alma existía después de la muerte y que nacería y moriría una y otra vez.

LOS CELTAS

Los celtas habitaron Galia y las islas británicas desde el Siglo II AC hasta el Siglo II DC.

Creían en la inmortalidad del alma, ya que luego de la muerte, pasaba al cuerpo de un recién nacido. También creían ser descendientes de un ser supremo.

EL CRISTIANISMO

Según el cristianismo, y dependiendo de cómo fuera la vida terrenal de la persona, su alma, luego de la muerte, iría al paraíso o a parar al infierno, donde enfrentaría el juicio final con la llegada del fin del mundo. En el juicio final cada alma recibiría su merecido, los justos irían al paraíso y los pecadores al infierno

En el purgatorio las almas pueden ser redimidas de sus pecados, si prometen comportarse bondadosa y correctamente.

Los cristianos creen en la resurrección de la carne y en la vida eterna, pero no creen en la reencarnación del alma.

BUDISMO TIBETANO (Lamaísmo)

El budismo tibetano tiene una creencia similar al budismo de Buda con respecto a la no existencia del alma. "El libro Tibetano de los Muertos" describe el camino que el ser transita después de la muerte. Los sacerdotes leen un texto guiando al difunto al "estado intermedio" (bardo) ya que de acuerdo a su religión la muerte definitiva se produce tres o cuatro días después del deceso del cuerpo.
Los funerales se prolongaban durante 49 días.

LOS AZTECAS

Los aztecas creían en la existencia del alma y que la vida continuaba después de la muerte. Dependiendo de cómo hubiera sido su muerte iban hasta el dios del sol o descendían al tenebroso mundo subterráneo. Si la muerte había sido por causas naturales debía pasar por nueve vidas en el mundo subterráneo para finalmente llegar al Mictlan (nivel inferior – el noveno - de la tierra de los muertos). Los guerreros que morían durante una batalla y las mujeres que morían durante el parto iban directamente al dios del sol.

EL ISLAM

La creencia del Islam es que en el momento de la muerte el alma es removida del cuerpo por el Ángel de la Muerte. Hasta que llega el día del juicio, momento en el que Allah, Dios del Islam, determinará quien podrá entrar al paraíso y quien irá al infierno.

Teniendo en consideración las breves exposiciones hechas, caben varias preguntas:
¿Hay algo de verdad en todas estas creencias?
¿Solamente en una de ellas?
¿A lo mejor en ninguna?
¿Será la realidad distinta para cada persona?
¿Que la realidad no exista?
¡Cada uno debe buscar y hallar su propia respuesta!

También podemos apreciar que existe una enorme diversidad de creencias. Cada civilización desarrolló la suya con respecto al camino del alma después de la muerte y su propia religión.
Sin embargo, cada una de las personas que vivió en estas civilizaciones, estaba convencida que solamente su religión era verdadera, no así todo el resto.

Las enormemente poderosas creencias religiosas, eran y son, la razón de la construcción de gigantescos monumentos; las pirámides de Egipto, las catedrales en Europa durante la Edad Media, el hermoso mausoleo en la India, el Tah Mahal, etc.
Estos monumentos fueron todos construidos con la convicción de que servían para el bienestar espiritual de toda la comunidad, para la adoración del dios o de **los** dioses y para la vida del alma después de la muerte.

Actualmente, nuestra generación cree en un dios, pero el nombre de nuestro nuevo dios es "DINERO".

Así como en la antigüedad, también construimos enormes monumentos para la adoración de nuestro dios; rascacielos, autopistas, gigantescos aviones, barcos de lujo, coches, coches y más coches.

Sin embargo cada persona, en nuestra civilización occidental, está convencida que solamente nuestro modo de vida es real (verdadero)….. Pero entonces ¿qué es la realidad?

Trataré el tema de la realidad en el capítulo a continuación.

IMÁGENES MENTALES

¿Cómo podemos conocer la realidad?

Podemos conocerla a través de las *"imágenes mentales"* o ideas.

Pero ¿qué son las *"imágenes mentales"*?

Para comprender este tema se necesita un profundo cambio en nuestra actitud mental y conseguir dirigir nuestra atención, siempre fija en lo externo, hacia adentro: observar qué ocurre y cómo se forman las *"imágenes mentales"*.

No es una tarea fácil. ¡No estamos acostumbrados a este ejercicio! Estamos más enterados de lo que pasa en una galaxia lejana o dentro de un átomo que lo que está sucediendo dentro de nuestra mente.

¡Tenemos que comprender que las *"imágenes mentales"* existen únicamente dentro de nuestra cabeza! Nada más ni nada menos. ¡La imagen mental no es una realidad, es la imaginación! ¡Es nuestro propio invento!

La mejor manera de comprender el tema es a través de los ejemplos.

Podemos distinguir entre dos tipos de "imágenes mentales".

1) Cuando hablamos de algún objeto físico la *"imagen mental"* se asemeja a ese objeto. La silla es un objeto físico que podemos conocer a través de los sentidos. Podemos verla, olerla o tocarla.

Sin embargo existe también una imagen universal (idea) de la silla; que tiene, cuatro patas, un asiento, y un respaldo.

Cada vez que escuchamos la palabra "silla", inmediatamente visualizamos la silla, no una en particular pero creamos una *"imagen mental"* de una silla universal, o ideamos una silla.

En este caso la silla existe…es real.

2) Pero cuando hablamos de una *"imagen mental"* abstracta… es diferente.

Por ejemplo si hablamos del alma, de un fantasma, de los extraterrestres, o de los ángeles; entonces cada religión, filosofía o persona tiene un concepto diferente.

Es imposible comprobar estas *"imágenes mentales"* a través de los sentidos. No podemos verlas, escucharlas u olerlas.

La única manera es creer en ellas.

Es sorprendente; que todas las sensaciones mentales son causadas por conexiones eléctricas y por reacciones químicas, dentro de nuestro cerebro.

La siguiente pregunta es: ¿Cuándo y cómo adquirimos las *"imágenes mentales"*?

Cuando el hombre obtuvo conciencia de su propia individualidad (la percepción de sí mismo) encontró el mundo a su alrededor incomprensible y amenazador. Necesitaba algo que lo ayudara a controlar esos miedos.

Fue en ese preciso momento que contó con una nueva facultad, la *"imagen mental"* abstracta: de ángeles, santos, ídolos, etc. que le ofrecían protección, consuelo y defensa contra el amenazador mundo externo y contra la aterradora idea de la muerte.

El concepto de *"imagen mental"* era representado metafóricamente en varias civilizaciones y de diversas formas.

En la filosofía hindú se llama MAYA que significa; ilusión, niebla en el camino, una imagen en el espejo, o una sombra.

Estas metáforas significan que el mundo en el cual vivimos no es real. ¡Es solamente una ilusión!

El gran filósofo griego, Platón describe este mismo concepto en su famosa metáfora de la cueva.

"Los encadenados seres humanos se encuentran dentro de una cueva, sentados frente a una pared con el sol detrás. Solamente pueden observar las sombras de sus siluetas proyectadas sobre la pared. No pueden ver el sol, impedidos por las cadenas, con las que están sujetos".

El símbolo de la realidad es el sol (atrás e invisible). El encadenamiento es la ignorancia. No podemos ver el sol (realidad), que se encuentra detrás.

Las sombras proyectadas sobre la pared simbolizan a las ilusorias *"imágenes mentales"* en las que creemos ciegamente.

En la civilización occidental existe solamente una terapia que profundiza el conocimiento de la mente: es el psicoanálisis del Dr. C Jung Sin embargo es raramente aplicada por ser muy lenta y a veces sin resultados satisfactorios.

Aunque no fue siempre así.

Los grandes Maestros, que hace más de 2.000 años enseñaban los principios de las religiones, conocían el peligro de vivir de ilusiones. Decían ¡No creen imágenes de ídolos!

¿Y ahora qué tenemos? ¡Templos llenos de imágenes y estatuas de santos e ídolos!

Creemos en lo que nos conviene, en lo que nos imaginamos, que deseamos, que nos dijeron, que hemos visto en la televisión o leímos en los diarios; pero no en lo que nuestro razonamiento nos indica.

Vivimos en un estado de pura fantasía (irrealidad).

Sin embargo existe una ley inquebrantable; cuando nuestra "imagen mental" difiere de la realidad, inexorablemente la realidad se impondrá y los resultados serán muy desagradables.
Por otro lado, cuando nuestras acciones concuerdan con la realidad, cualquiera sea ella, recibiremos la recompensa: nuestra vida será más placentera y armoniosa.

La última pregunta:
¿Existe la realidad fuera de nuestras mentes?
Esta pregunta filosófica no es parte de nuestro tema principal: las características mentales., razón por la cual he decidido tratarlo separadamente en mi próximo capitulo.
¿Creer o razonar?

¿CREER O RAZONAR?

¿Qué significa creer?

Creer es una actitud mental de aceptación incondicional de alguna propuesta, sin la plena ni necesaria comprensión que garantice su veracidad.

El razonamiento, en filosofía, es la facultad o proceso de sacar conclusiones lógicas.

El conflicto entre estos dos diferentes enfoques existe desde los principios de la humanidad.
Por ejemplo: evolución versus creación. ¡Tan largamente e innecesariamente discutidos!

Podemos reconocer dos categorías de creencias:
1) Creencias religiosas: Dios, santos, etc.
Es imposible asegurar la veracidad de las creencias religiosas ni comprenderlas usando la lógica: ¡Tenemos que creer! No existe otro camino.
No nacimos teniendo creencias (no son hereditarias). Nos las trasmitieron nuestros padres, en la escuela, los amigos y la sociedad en general.

Las creencias en seres protectores, santos, ángeles, etc. ofrecen una gran ayuda en tiempos difíciles y brindan seguridad y tranquilidad a todas las personas en dificultades.
Sin embargo, ¿cuántas personas entran en desesperación después de una gran decepción?

Si mi religión me enseñó que Dios es bueno y omnipotente - ¿cómo es posible que encuentre tanta maldad en el mundo?
¡Esta es una pregunta para la que las religiones no tienen respuesta!

En algunos casos las enseñanzas de Dios, pueden usarse como excusa para comenzar una guerra o perseguir a personas que no comparten la misma religión.
Los sacerdotes, predicadores, organizadores de las religiones, obispos, cardenales… todos dicen "Dios está conmigo". El hombre que explota al prójimo, los soldados en la guerra que matan a sus enemigos, también dicen "Dios está conmigo".

Las enseñanzas de varias religiones sostienen que únicamente las personas que comparten sus creencias pueden acceder al cielo, o a la vida eterna. Los no creyentes seguirán condenados para siempre. Por ello, el propósito de la mayoría de las religiones es convertir a la mayor cantidad de personas posible a sus creencias particulares y de esta forma salvarlos de ser condenados al infierno.
Las consecuencias de estas creencias son fatales: fanatismo, guerras y matanzas de millones de personas inocentes.

2) Creer en algún evento, noticia o chisme; no tiene sentido alguno. ¿Por qué creer si tenemos el intelecto para saber?
Todas estas creencias se basan sobre la incesante repetición de la propaganda política, noticias en los medios de comunicación y avisos comerciales.

Creemos que la Princesa Diana fue asesinada por Mr. X, quien arregló el accidente…

Creemos que el atentado terrorista 9/11 en Nueva York fue obra de una conspiración…

Creemos (también lo compramos) que el cachivache "X" es el mejor. ¡Solamente por que lo hemos visto un millón de veces en la TV!

Tenemos la mala costumbre de decir "Creemos" en lugar de decir "tengo una opinión".

Personalmente opino; que es totalmente erróneo "creer" en casi todo, no teniendo suficientes conocimientos y solamente repitiendo como un papagayo, las noticias y propagandas de los medios de comunicación.

Durante mi vida pude observar una sorprendente cantidad de "creencias erróneas" en eventos históricos antiguos y recientes; todas como resultado del "lavado de cerebro" perpetrado por diferentes medios de "desinformación".

Esto se los contaré en el capítulo que sigue.

FALSOS CONCEPTOS

Los conceptos y las creencias que aparentan ser verdaderos, no los son en absoluto.
Cuando analizamos las últimas noticias descubrimos, no sin sorpresa, que gran parte de la información es parcial o directamente falsa.

Cuando investigamos en la historia, reciente y antigua, desde el punto de vista científico, también encontramos que la mayoría de nuestras creencias y opiniones no se basan en hechos reales.

¿De dónde recibimos estas noticias erróneas?
Son el resultado de falsas informaciones difundidas por diversos medios de comunicación, de los avisos comerciales, de la propaganda política, de enseñanzas de la historia, de la educación religiosa, etc.
Todos estos medios imponen la forma en que cada uno debe pensar.
¡Es una triste realidad pero la mayoría de la gente no quiere pensar por sí mismo!

Ya Joseph Goebels, ministro de propaganda nazi en Alemania, afirmó: "si repites muchas veces una mentira todo el mundo pensará que es verdad".

¡Lamentablemente en el mundo moderno casi nada es digno de ser creído!

Avisos comerciales

La industria y el comercio, para obtener ganancias, están obligados a vender sus productos y para esto contratan agencias de publicidad. Estas agencias utilizan varias estrategias muchas de las cuales son tremendamente destructivas para el ser humano.

La primera estrategia consiste en desorientar y aturdir a los potenciales clientes mostrándoles imágenes en una fracción de segundo y con música estrepitosa. Esto hace que las personas no puedan proceder razonablemente, es decir no permiten que se concentren, logrando transformarlas en títeres capaces de comprar cualquier artículo innecesario.

La segunda estrategia consiste en aumentar los deseos, asociando el ansiado objeto, con una imagen de opulencia o de índole sexual. ¿Qué tiene que ver un automóvil con una chica medio-desnuda? Nada, aunque es la mejor estrategia para vender de "todo". Es un ardid muy bien conocido por los directivos de las empresas. La influencia de los avisos comerciales puede ser dañina cuando recurren a las tendencias negativas de las personas (excesivo deseo, codicia, etc.) ya que acelera la mente y desestabiliza a la sociedad.

Propaganda política

Durante las elecciones el incesante bombardeo y la continua repetición de los nombres de los candidatos en los diarios, radios y televisión no aseguran el triunfo de los más aptos, ni de los más honestos sino de aquellos que gastan más dinero -que reciben de los acaudalados y poderosos personajes- en propaganda, prometiendo cosas que nunca podrán cumplir. Es un método de lavado de cerebro.

De esta manera los políticos se endeudan para ganar las elecciones. Cuando obtienen el puesto deben comenzar a devolver o pagar los favores y así de simple comienza, aun en el sistema democrático, lo que conocemos como "CORRUPCION".

Para aquellos que quieren conocer la verdad, sólo deben recordar los hechos, aunque tampoco esto debe hacerse con cautela. ¡Lea los títulos y olvídese de los comentarios!

En una reunión le pregunté a un periodista... ¿cómo puedo conocer la verdad de los hechos?
Me respondió - "compre todos los diarios y la verdad estará en algún lugar entrelíneas"... ¡Me pareció un procedimiento largo y tedioso!

Ahora pasaré con la historia.
¡La historia la escriben los vencedores! Es un refrán muy conocido. ¿Pero qué significa? Que todo lo que aprendemos sobre el pasado, puede no ser cierto.
Además los últimos avances científicos y arqueológicos permitieron descubrir que muchos conceptos y creencias considerados irrefutables ¡No son ciertos!
Por lo expresado anteriormente es conveniente leer libros de escritores y científicos serios que busquen la verdad y que no se dejen llevar por la fantasía.

Escogí solamente dos ejemplos:
El primero sucedió hace 60 años y ya está distorsionado por la opinión pública. El segundo, sucedió hace 3300 años.

Nunca me había percatado de cómo había sido alterada la historia de la Segunda Guerra Mundial, sino hasta que una persona amiga de Argentina me preguntó si durante la Guerra habían muerto otras personas además de judíos. Mi amigo estaba convencido que los muertos de los campos de concentración eran solamente judíos. Quedé perplejo ante la pregunta y no supe qué contestar.

Participé de la Segunda Guerra Mundial y puedo afirmar con absoluta seguridad que los medios de comunicación transmitieron irrealidades y exageraciones que falsearon la historia.
Bastaron 60 años para que la memoria fuera tergiversada. El Holocausto fue indudablemente una realidad catastrófica.
Sin embargo los medios de comunicación (desinformación), lo exageraron terriblemente. El Holocausto fue solamente, una de las muchas atrocidades cometidas durante la Segunda Guerra Mundial. Fue un episodio trágico; pero de ninguna manera tuvo tanta importancia histórica como se le atribuye actualmente.

Entre los años 1939 y 1945 más de 50 millones de personas de todas las nacionalidades, civiles y soldados, murieron durante la Segunda Guerra Mundial.
Más de 6 millones de polacos fallecieron en los campos de batalla, en campos de concentración nazi o en Gulags de Siberia, aunque esto casi no se menciona ni se conoce.

¿Quien habla de la exterminación de homosexuales, enemigos del nazismo, gitanos y de las personas no judías de casi todos los países de Europa? ¿Por qué no se habla de las matanzas perpetradas por los comisarios bolcheviques, mayormente judíos, por la NKWD (Checa, GPU, etc.), sobre la población rusa, ucraniana, polaca, y otras?

Durante el período del régimen comunista en Rusia (1917 – 1990) alrededor de 100 millones de personas fueron exterminadas. Se comenta únicamente de los nazis contra los judíos, sin embargo, casi nunca se mencionan tremendas matanzas cometidas por los comunistas rusos.

Esto es una deliberada deformación de la verdad histórica. Para que la historia sea verdadera tiene que ser fiel a la importancia de los hechos. No debe transformar a un solo hecho como el más importante e ignorar otros de igual o mayores dimensiones.

Al comienzo de la Segunda Guerra Mundial mi padre era oficial de reserva de la artillería del ejército polaco y fue tomado prisionero, por las tropas comunistas rusas. En un primer momento de confusión logró escaparse al oeste, pero ahí fue nuevamente tomado prisionero por las tropas alemanas y mandado a un campo de prisioneros de guerra en Alemania. En el campo de prisioneros sobrevivió durante 5 años, hasta su liberación, por las tropas aliadas al finalizar la Guerra, en el año 1945.
Sus once compañeros de la unidad de artillería fueron ejecutados en el bosque de Katyñ en Rusia. ¿Por qué?... Si Polonia ni siquiera estuvo en guerra con la Rusia comunista.

El segundo ejemplo es del tiempo del Viejo Testamento. Muchos acontecimientos están corroborados por los descubrimientos arqueológicos. ¡Pero algunos no!

No se encontró evidencia alguna que corrobore la estadía y el exilio de los Judíos de Egipto.

Durante 200 años de excavaciones solamente fue encontrada una inscripción, la *Estela de Israel*, en la que el faraón Marneptah (1213 – 1204 AC) describe la rebelión en Palestina y menciona a Israel meramente como una tribu a la cual venció.

Sin embargo, esta Estela es del período posterior a la fecha del supuesto Éxodo. Tampoco fue encontrada evidencia arqueológica del Éxodo en el desierto de Sinaí.

Hasta el altamente distinguido arqueólogo israelita Ze'ev Herzog, de la Universidad de Tel Aviv afirma: "Los israelitas nunca estuvieron en Egipto ni pasaron por el desierto."

Sin embargo, el período cercano a la dinastía XVIII de Egipto, cuando supuestamente tuvo lugar el Éxodo, se conoce muy bien. Se encontraron miles de inscripciones. Actualmente sabemos mucho más sobre la antigua historia egipcia que sobre eventos históricos mucho más recientes.

Los ejemplos que señalé, muestran un insubsanable y profundo conflicto entre la fe y el punto de vista científico.

Menciono solamente algunos pocos falsos conceptos... ¡Pero hay muchos, muchos más!

¿QUÉ ES LA INTELIGENCIA?

Existen varios puntos de vista sobre este tema.
Según la "Enciclopedia Británica" no hay consenso entre los investigadores, aunque la mayoría concuerda sobre la importancia que ejerce la adaptación al ambiente, sería como la llave que nos hace comprender ¿Qué es, y qué hace la inteligencia?

La adaptación implica:
1) Hacer cambios en uno mismo para adecuarse lo mejor posible a su actual ambiente.
2) Modificar el ambiente, por uno más apropiado.
3) Mudarse a un ambiente nuevo y diferente.

Una efectiva adaptación incluye varios procesos cognitivos: percepción, aprendizaje, memoria, razonamiento y la capacidad de resolver problemas. Por lo tanto, para poder definir la inteligencia hay que tener en cuenta que no es solamente un proceso cognitivo o mental, es la combinación de diferentes procesos que directamente conducen a una eficaz adaptación al entorno.

Los cambios de las condiciones ambientales nos obligan a adaptarnos, dejando una importante enseñanza; los que se adaptan, evolucionan, adquieren experiencia y progresan mental y materialmente. Los que no se adaptan perecen inexorablemente.
Sin embargo cuando el cambio ocurre demasiado rápido, la adaptación se hace difícil o directamente imposible.

Por ejemplo: Cuando los dinosaurios desaparecieron hace 65 millones de años, el cambio fue repentino y dramático y fue imposible la adaptación a las nuevas condiciones ambientales.

En este caso, el cambio fue causado por el impacto de un asteroide.   (Otra teoría sugiere que los dinosaurios murieron de aburrimiento….. pobres no tenían TV)

Esta ley de adaptación al cambio del entorno rige actualmente, como también regía desde los comienzos de la vida en la tierra.

A continuación mencionaré algunos ejemplos de procesos cognitivos, imprescindibles para el desarrollo de la inteligencia.

A) "Cada causa tiene su efecto". A primera vista parece simple, pero no lo es en absoluto y la mayoría de los errores están relacionados con esta simple ley, que rige tanto en lo personal como en la sociedad.

Esta misma ley posibilita prever el futuro conociendo las causas lo que nos permite actuar   correctamente y tener éxito.

¿Cuántas veces uno se agarra la cabeza, observando los obvios errores cometidos por otras personas o por el curso de una acción ignorante de toda una sociedad.

B) El aprendizaje, es otro componente indispensable para el desarrollo de la inteligencia. Es la asociación entre una experiencia anterior, retenida en la memoria, con la situación actual; que puede ser igual, parecida o totalmente diferente.

Por lo tanto, aprender significa no repetir los errores cometidos anteriormente.

El gato no pone dos veces su pata en el fuego, ¡Sin embargo los humanos lo hacemos!

C) Otro factor imprescindible es distinguir la fantasía de la realidad.
Nuestra mente crea fantasías, ilusiones, sueños, etc. ¡Tenemos que saber que no son reales!
La conducta debe estar basada en la realidad y no en las emociones o deseos.

Desde el punto de vista neurológico la inteligencia es la capacidad del cerebro de procesar información simultánea y en grandes cantidades. Trabaja en forma paralela y no lineal, asocia todos los datos y saca conclusiones. La inteligencia sería entonces la capacidad de procesar simultáneamente múltiples razonamientos en forma paralela.

Desde el punto de vista genético, los últimos estudios de la medicina, demuestran que la inteligencia es un 50% de origen hereditario (genes) y otros 50% influencia del ambiente.
¡Deducimos entonces que hay esperanza hasta para el más ignorante, solamente tiene que encontrar un ambiente favorable y esforzarse!

En general la forma de vida moderna no es propicia para el desarrollo de la inteligencia. El entorno atonta y embrutece.

La curiosidad y la inteligencia innata en lugar de volcarse a los intereses intelectuales quedan embrutecidas por el chusmerío. El excesivo nacionalismo y el fanatismo religioso también anulan al individuo y no le permiten pensar libremente y sin ataduras.

Por supuesto que existen numerosas agrupaciones de personas de alto nivel científico e intelectual. También existe la Internet que hace circular nuevas ideas... muchas cuerdas y algunas totalmente lunáticas. Aunque gran parte de la población no participa de estas "extrañas" ideas.

Mi triste conclusión es que la sociedad frena y estorba el desarrollo de la inteligencia.

Pero siempre hay una salida... La mente no tiene obligatoriamente que estar condicionada por las influencias exteriores, también puede pensar independientemente y desarrollar su propia inteligencia. Solo tiene que liberarse de las ataduras, desarrollar la curiosidad, y siempre preguntarse... ¿POR QUé?

Esta es la única manera de que la inteligencia tenga un campo libre para desarrollarse.

Seguramente más adelante, sabremos cuáles fueron las condiciones ambientales que posibilitaron el vertiginoso desarrollo de la inteligencia del "Hombre Moderno".

Lo que suponemos es que evolucionó en alguna parte de África del Este. Que no eran un grupo numeroso, (no más de dos mil), estuvieron aislados de otras especies del "Homo" y permanecieron durante mucho tiempo en condiciones muy desfavorables y sumamente peligrosas, donde su única defensa era la inteligencia.

Por esta razón sus mentes evolucionaron de manera agresiva, competitiva y relativamente inteligente.

Se supone que el "Homo-Sapiens-Sapiens" vivió en ambientes peligrosos llenos de depredadores salvajes y que no era fuerte, ni grande, ni veloz (para poder escaparse), así que su única defensa era la inteligencia.

¡La inteligencia es el resultado de la evolución del instinto de la auto-preservación!

La emigración del "Hombre-Moderno" desde África tuvo una gran influencia en su desarrollo mental. En el transcurso de sus migraciones, el hombre se fue encontrando con diversidad de climas y diferentes ambientes a los que se tuvo que ir adaptando.

Su sistema digestivo se adaptó a comer vegetales, frutas, carne, pescado, raíces, prácticamente de todo, permitiéndole sobrevivir desde zonas árticas hasta en zonas tropicales. Esto le di una enorme ventaje, lo obligó a desarrollar su capacidad intelectual.

Cada lugar nuevo donde llegaba las condiciones eran totalmente diferentes. De esta forma surgieron la enorme diversidad de culturas, lenguas, costumbres, ritos, creencias y mentalidades que existen actualmente. Aunque esta diversidad cultural está desapareciendo, producto del progreso tecnológico, los negocios internacionales, la comunicación, el teléfono, la Internet, los viajes, el avión, el turismo, etc.

La nueva ciencia de la evolución psicológica sostiene que el desarrollo de la inteligencia se puede explicar a través del instinto de la propagación de las especies (instinto sexual).

Es más o menos lo mismo que escribí acerca del instinto de supervivencia. Pero creo que fue la evolución, tanto de uno como de otro, lo que posibilitó el rápido desarrollo de la inteligencia.

El psicólogo Miler afirma que el alma, razonamiento, inteligencia y conciencia aparecieron por azar y son una máquina cuya finalidad es, "buscar pareja". Durante algún momento de la evolución, la hembra prefirió la creatividad, en lugar de la fuerza bruta y de los músculos. Esta preferencia proporcionó un enorme estímulo intelectual y en consecuencia el crecimiento de la capacidad cerebral. Este proceso empezó ya hace 2,5 millones de años cuando alrededor del fuego, dentro de las cuevas, el primitivo homínido trataba de conquistar a la hembra usando métodos como el humor, el conocimiento, y la creatividad. Todo para llamar la atención y atraer a la hembra. Esta competencia, entre los machos, determinó el desarrollo mental del individuo. El macho, que logró captar la atención de la hembra tuvo mas éxito y por consiguiente, más descendencia. Todos con más neuronas y más inteligentes.

Siguiendo la lógica de Miler el intelecto tiene la misma finalidad que la cresta de un gallo. Sirve para captar la atención de la hembra e indica que el hombre o el gallo son saludables y que son buen material de reproducción.

En mi opinión los criterios para medir el coeficiente intelectual (IQ) son inexactos. Considera que la rapidez es muy importante, sin embargo causa estrés y aceleración mental: factores estos que impiden la concentración que es imprescindible para desarrollar la comprensión y obtener conocimiento. No es exacta esta forma de medir la inteligencia.
¡Ser más rápido no significa ser más inteligente ni más sabio!

Sin embargo las mediciones del IQ arrojaron durante las últimas décadas un incremento.
¿Somos realmente más inteligentes ahora que antes, o únicamente más rápidos y acelerados?

Empleando la inteligencia se puede y se debe lograr la COMPRENSIÓN, fácil escribirlo pero no conseguirlo. Para obtener una verdadera comprensión es necesaria una libertad total, sin propaganda, sin dogmas, sin influencias externas... ¡No pueden existir presiones ni adoctrinamientos! Los dogmas de cualquier índole, producen solamente ignorancia y fanatismo.

¡La COMPRENSIÓN no puede ser impuesta!... ¡Tiene que nacer dentro de cada uno!

¿Hemos llegado con nuestra inteligencia hasta el límite de la evolución mental?

LA FELICIDAD – SIEMPRE INALCANZABLE

Todo el mundo busca la felicidad; vamos a la luna, cambiamos de pareja, compramos el coche último modelo y todo para conseguir la felicidad. Sin embargo nunca podemos alcanzar la felicidad plena, siempre nos elude.

Por lo tanto, ¿Qué es y para qué sirve la felicidad?
Desde el punto de vista de la evolución, la felicidad es el proceso que preserva los genes del organismo para mantener y mejorar las características del cuerpo y de la mente hasta la siguiente generación.

Los biólogos, hablando metafóricamente, dicen que la selección natural ha programado las características del ser humano para "tareas específicas": como por ejemplo los intestinos para digerir, la cabeza para pensar, los ovarios para producir huevos, etc.

¿Pero para qué sirve la felicidad?... sirve para usar los intestinos, la cabeza, los ovarios, etc. La gente come, piensa o tiene sexo porque al hacerlo el organismo produce genes que los hacen felices. Si no, compare la función de estos genes y de sus efectos, con la función de los genes que nos hicieron sentir una sensación repugnante después de comer.

El principio general es que los genes que producen placer existieron a través de incontables generaciones y aun continúan en nosotros hasta la actualidad.
De esta forma vemos que las leyes que nos causan la felicidad NO fueron planeadas para producirnos

bienestar, sino para asegurar nuestra supervivencia a largo plazo.

¡Meditándolo bien, solamente este hecho, por sí mismo, puede causar la infelicidad!

No solamente comer y hacer el amor causan felicidad. Tener y criar hijos, ser exitoso en el trabajo, hacer amigos o ayudar al prójimo es bueno para la felicidad y en consecuencia para los genes.

Ahora la mala noticia; la felicidad a pesar que se puede lograr a través de numerosas acciones está también planeada para desaparecer. Si el contentamiento de un animal por haber copulado durara durante toda su vida, en este caso el animal copularía solamente una vez.

Lamentablemente el entendimiento humano no llega hasta ahí. El deseo de felicidad funciona mucho mejor bajo la ilusión de que al final conseguiremos plena felicidad, con un automóvil nuevo, nueva casa, nueva pareja…. ¡Así seremos verdaderamente felices y podremos relajarnos por el resto de nuestras vidas!

Piensen; si la felicidad durara eternamente, estaríamos en la misma situación que un comerciante de narcóticos que vendiera droga por una única vez.

Considerando otro punto de vista, las cosas que durante la evolución son buenas para los genes, como el alimento, el sexo o el reconocimiento social, se hacen adictivos. Traen placer que se esfuma, como la sensación de hambre pocas horas después de haber comido.

También, de vez en cuando, hasta las personas más felices se sienten deprimidas y las personas más infelices tienen un momento de felicidad.
Como nuestra mentalidad es muy curiosa los investigadores inventaron varios métodos de cálculo - ¿Qué grado de felicidad tenemos?
¡Todo tiene que ser medido! ¡Que obsesión!

El grado de satisfacción con la propia vida, contestado naturalmente por el propio sujeto, (no existe otra forma más objetiva), consiste en preguntar cuantos días uno se siente feliz y cuantos días infeliz. Cuanto mayor es la cantidad de días de felicidad, entonces el coeficiente es mayor y viceversa. Naturalmente, bajo la suposición de que la felicidad, como los goles en el football, pueda ser medida y que los científicos que hacen estas mediciones sean objetivos.

Para los habitantes de los países ricos es casi imposible comprender como se siente una persona que vive en extrema pobreza.
¿Cómo se sobrevive en las calles de Calcuta sin acceso a suficiente comida o agua limpia?
Desde la perspectiva de alguien que vive confortablemente, la suciedad, aglomeraciones, enfermedades, parecen un sufrimiento inconcebible; un infierno. Sin embargo no son tan inimaginables como lo demuestra un estudio que emplea el método de cálculo de la felicidad humana en una escala del 1 al 7. Los pobres habitantes de las calles de Calcuta marca 4… es mucho más de lo que uno se puede imaginar.
Todos los estudios establecieron que el grado de felicidad no depende de factores como: situación social, riqueza, educación, edad. Lo que es sorprendente para todos

aquellos que equiparan la felicidad con la posesión de una TV, o con un coche ultimo modelo.

En general los diversos estudios han demostrado que las personas que viven en países organizados y con poca corrupción son más felices, que los que viven en el caos y la incertidumbre... Tampoco es siempre así, los sudamericanos generalmente se sienten más contentos que los asiáticos a pesar de que viven en países donde existe la corrupción y son desorganizados.

También los estudios han demostrado que la mitad del grado de felicidad puede ser atribuida a influencias genéticas (herencia) y la otra mitad a influencias del ambiente y "algo dentro de nosotros mismos".
La gran pregunta es:
¿Qué es algo dentro de nosotros mismos?
¿Es algo que heredamos (genes) o que adquirimos?
¿Entones este "algo" es también en parte hereditario?
¡No veo la salida a este embrollo!

Una enorme cantidad de estudios realizados por psicólogos, médicos y científicos aportaron ideas sobre lo que se debe hacer para sentirse más contento y más feliz y sacaron una conclusión bastante obvia:
- Ser amable.
- Practicar la bondad.
- Agradecer al prójimo.
- Llevar una vida rica en contactos familiares y sociales.
- Sonreír.
- Cuidar el cuerpo.
Y por ultimo, desarrollar estrategias para sobreponerse a las dificultades y al estrés.

Una parte importante para "sentirse bien y contento" es estar involucrado en "algo", no importa que, hobby, proyectos para el futuro, viajes, etc.

El fondo de este problema fue descubierto por Buda, hace ya dos mil quinientos años.
Buda basó su filosofía sobre la existencia del sufrimiento y llegó a la conclusión que la causa del sufrimiento es el deseo.
A pesar de la idea equivocada que se tiene en occidente de esta "extraña" religión, el budismo es una filosofía muy optimista, enseña que es posible alcanzar la plena felicidad siguiendo únicamente las enseñanzas que proponen cuatro verdades y ocho caminos. (Es un laaaaargo tema y no puedo desarrollarlo aquí)

El Budismo es una enseñanza pragmática y lógica y se ocupa solamente de la felicidad.
¿Para qué sirve saber qué es el alma, Dios o el infierno? Si con esto no alcanzaremos la felicidad.
En una muy famosa metáfora Buda cuenta: Un hombre fue herido por una flecha.
¿Que tiene que hacer?
¿Averiguar quien tiro la flecha?
¿Cuántos años tiene?
¿Quién hizo el arco?
¿O sacarse la flecha del cuerpo?...
La doctrina del Budismo es muy clara y en su origen era únicamente "Un modo de vida" y no tenía nada que ver con la religión. Con el correr del tiempo fue dividiéndose en varias sectas religiosas.

Es una extraña paradoja; el Budismo es la única religión de los pueblos Indoeuropeos. Es sorprendente pero tiene cierto parecido con la escuela de los Epicúreos de la antigua Grecia. A lo mejor no tan sorprendente si tomamos en cuenta que unos y otros eran primos lejanos; los dos indoeuropeos. Otras religiones como el Judaísmo, el Cristianismo y el Islam son de origen Semítico.

El Budismo era una enseñanza que empleaba únicamente la razón. Todas las otras religiones utilizan creencias y rígidos dogmas.

Por último, según el punto de vista es una buena o mala noticia. Si todos alcanzaríamos la felicidad, probablemente seriamos la última generación de la especie humana. Según las leyes de la evolución de Darwin, para que una especie sobreviva y tenga éxito tiene que ser, obligatoriamente, algo desdichada y no permanecer en un estado de eterna felicidad.

La naturaleza no soporta el estancamiento, todo lo estático, que no evoluciona y que no cambia, muere.

VIOLENCIA

La violencia es una característica mental de importancia mayor para la humanidad ya que determina nuestro destino y es absolutamente indispensable para la supervivencia de nuestra especie humana.

¿Pero para qué sirve?

La violencia es un impulso de subyugar a otras personas, para conseguir una ventaja y para satisfacer los deseos propios.

Sin embargo el "Hombre Moderno" posee algunas características que lo diferencian del resto de las especies vivientes.

Los animales carnívoros matan para comer. El hombre mata por placer o por algún "noble ideal"; sea la libertad, el nacionalismo, el fanatismo religioso o cualquier otro "ideal".

Los científicos nos dicen que los humanos ansían la violencia como desean sexo, comida o drogas.

Es indiscutible que todo animal depredador tiene que ser violento, es su naturaleza. Para comer, mata a su presa.

Sin embargo, la violencia humana va mucho más allá.

Somos violentos y crueles, sin motivo aparente.

Gozamos de espectáculos sangrientos, donde hay muerte y sufrimiento; corridas de toros, caza "deportiva", boxeo y cualquier otra prueba donde los competidores arriesgan su propia vida.

Tenemos mente de depredador; destructiva, competitiva, violenta y combativa.

La historia de los "Homo-Sapiens-Sapiens" (nosotros) está llena de violencia, guerras y exterminios... y siempre cometidos por otros. ¡Nunca por NOSOTROS!

No tenemos ninguna especie del "Homo" emparentadas con nosotros.

¿POR QUÉ? Los científicos descubrieron recientemente que durante la mayor parte de la evolución del "Hombre Moderno" hemos cohabitado con diferentes especies de los 'Homo". Sin embargo los científicos no han encontrado ADN de otras especies en los "Homo-Sapiens-Sapiens".

El "Hombre Moderno" llegó al continente Europeo hace 40.000 años y tuvo que compartir el territorio con el "Homo Neandertal", que habitaba en ese continente desde hacía más de 200.000 años. Sin embargo, hace 30.000 años el "Homo Neandertal" desapareció.

¿Por qué? ¿Los hemos exterminado también a ellos?

En Asia, justo cuando aparecieron nuestros antepasados en su territorio, desaparecieron los descendientes del "Homo Ergaster". ¿Su desaparición puede ser atribuida a la primera campaña de genocidio del Hombre Moderno"?

¡Hemos exterminado a todas las otras especies de "HOMO" (nuestros primos lejanos)!

Los caballos están emparentados con las cebras, los leones con los tigres. Pero nosotros somos la única especie de "Homo".

La mayoría de los grandes mamíferos desapareció de todos los continentes, menos de África, a finales de la última glaciación. Algunos científicos atribuyen esta exterminación a los cambios climáticos, otros al (Hombre Moderno, o Cro-Magnon, u Homo Sapiens-Sapiens, o

Nosotros) y algunos a ambos factores que se han sumado y provocaron esta extinción.

Los Mamut Desaparecieron de Norte América hace 8.000 años, junto con otros grandes mamíferos, entre ellos el terrible depredador, tigre con dientes de sable.
 Este exterminio ocurrió en el momento justo de la llegada del "Hombre Moderno".
¿Fue pura casualidad?

Los fechados con carbono 14, en las excavaciones de Monte Verde, en el sur de Chile, en Sudamérica, demuestran la presencia del hombre hace ya 12.800 años. En este lugar los grupos humanos encontraron ambientes muy favorables, con grandes mamíferos; mamut, caballos americanos, perezosos gigantes, tigres de dientes de sable, etc.
Su desaparición puede ser atribuida a cambios climáticos o lo que es más probable a la aniquilación perpetrada por el "Hombre Moderno" (nosotros).

Apenas llegaron los primeros humanos a Nueva Zelanda desapareció el gran pájaro moa.

La lista se vuelve interminable ¡Todo es obra de nuestra especie, el "Hombre Moderno"!!!
Donde aparecía el hombre, desaparecían los animales.
En la actualidad la situación se tornó dramática y una enorme cantidad de especies de mamíferos, peces, plantas, insectos, etc. se encuentran en vías de extinción.

La competitividad en los negocios es otro aspecto de la agresividad y ahora llegó a lo absurdo.

Existe un permanente estado de guerra (competencia) entre las compañías. ¿Cuál sobrevivirá y tendrá mayores ganancias? Guerra entre ejecutivos; ¿quién llegará a la cúpula? ¿Quién cavará el pozo más profundo debajo de su compañero?

Las consecuencias son: el estrés de los ejecutivos, los despidos masivos y el sufrimiento de todos; especialmente de las familias.

Otros efectos de los instintos de agresividad, que además existen en todos los rincones de la tierra: son robos, asaltos, asesinatos, etc.

Lamentablemente, cada vez más frecuentes y violentos.

¿Existe el gen o los genes de la violencia? Los últimos descubrimientos en genética confirman que ¡SI existe!

El gen de la agresividad lo heredamos, lo hemos recibido a través de las incontables etapas de la evolución, y este mismo gen posibilitó el espectacular desarrollo de nuestra civilización. Sin estos genes estaríamos todavía saltando de rama en rama.

Sin embargo, otro efecto de estos genes son las interminables guerras, atrocidades y terrorismo que han existido desde la aparición del "Hombre Moderno". No hubo, durante toda la larga historia de la humanidad, algún momento sin que existiera un conflicto armado.

Sería muy interesante saber de qué manera hemos adquirido este gen.

¿Será por las difíciles y peligrosas condiciones en África durante el tiempo de evolución del "Homo-Sapiens-Sapiens"? Donde la única manera de sobrevivir era ser más violentos e inteligentes que sus adversarios, que los animales predadores y que las otras tribus de sus semejantes.

Desde el punto de vista psicológico a este mismo gen de la violencia lo podemos llamar; mente subconsciente, instintos primitivos e inclusive maldad (diablo).

¿Cómo podemos erradicar este gen?

El prestigioso físico Stephen Hawking tiene la esperanza de que la tecnología genética permita reducir los instintos de agresión. Ahora, sin embargo, este gen se convirtió en un "instinto idiota".

La selección darvinista trabaja muy lentamente, así que para eliminarlo de nuestra disposición genética, se necesitará mucho, mucho tiempo.

¡Ya no hay tiempo! Nuestra única esperanza de sobrevivir es eliminar este gen idiota de la agresividad.

Todos los seres que habitaban o habitan la tierra vivían o viven en equilibro con la naturaleza. ¡Pero nosotros los humanos... NO!

Nos mudamos a algún territorio y nos reproducimos. Seguimos multiplicándonos hasta agotar todos los recursos naturales y la única opción que nos queda es ocupar otro territorio.

De algo estoy convencido pedir la paz agarrándose de las manos u orando no tendrá ningún efecto.

Es solamente autodecepción.

Las guerras no empiezan con el primer disparo; sino en la mente de los agresores.

LOS DESEOS... NUESTROS AMOS

El deseo, desde el punto de vista psicológico, es un sentimiento de anhelo que necesita la intervención de la voluntad para dirigir una acción con el fin de obtener, de comprender, o lograr placer de algo. Es un impulso asociado a la idea de un objetivo.

Los deseos determinan nuestras vidas como ninguna otra característica de la mente. Pensamos equivocadamente que los controlamos, pero la realidad es que los deseos controlan nuestras vidas y tenemos muy poco control sobre ellos.

¡Los deseos son los amos y nosotros somos sus esclavos!

Sería beneficioso para todos analizar primero los deseos y recién después actuar.

Así para hacer esta tarea simple podemos, por ejemplo dividir a los deseos en tres categorías:

1) Deseo razonable: de tener suficiente comida, vivienda, vestimenta y un razonable nivel de vida, acorde con la sociedad en la cual vivimos.

En una sociedad un automóvil es una necesidad imperiosa sin embargo en otra sociedad un par de zapatos es un lujo que solamente pocos pueden tener.

Así la idea del deseo razonable es flexible y a menudo mal interpretada.

2) Deseo irracional: de cosas innecesarias como: lujos, ostentación, para deslumbrar a los vecinos, etc. La satisfacción de estos deseos no brinda la felicidad.

El hombre supone que la posesión de algún objeto, desesperadamente deseado, lo hará feliz y estará satisfecho para siempre. Pero se equivoca trágicamente.

Al conseguir el objeto, inmediatamente desea algo nuevo. ¡Y así sigue infinitamente!

Nuestra época moderna de los excesos, se basa sobre esta clase de deseos - que además están destruyendo la sociedad.

3) Deseo imposible de realizar: son aquellos que ni vale la pena esforzarse ya que nunca los conseguiremos. ¿Para que perder el tiempo en vano? ¡Nunca alcanzaremos una estrella en el cielo! ¡O a lo mejor, SI!

Pero imagínense, por un solo segundo, que el deseo no existe. ¿Qué pasaría?

No existiría el matrimonio - tampoco el divorcio.

No existiría la policía - ni los ladrones.

No existirían las leyes - ni los abogados.

No existiría la corrupción - ni los políticos.

No existiría la justicia - ni los jueces.

¡Sin duda la vida seria imposible!

EL INSTINTO SEXUAL

Dos instintos universales rigen nuestras vidas: el de supervivencia y el de la propagación de especies.

Ahora trataré el segundo instinto el de la propagación (sexual).

Casi todas las especies utilizan el sexo para la reproducción.

¿Por qué?

La predominante teoría es que el sexo mezcla genes al azar, así los nuevos seres nacerán con genes modificados y algunos se adaptaran a los nuevos cambios del medio-ambiente. De este modo aseguran la supervivencia de la especie... algún descendiente sobrevivirá y pasará estos generes a la generación siguiente.

Sin embargo, muchas especies de animales se reproducen de modo asexual: como algunas especies de víboras, lagartos, insectos, peces, etc. Sin embargo estas especies sólo viven algunos cientos de años. La reproducción asexual es posible, pero normalmente no ocurre.

En adelante seguiré con el tema de la reproducción sexual del "Homo-Sapiens-Sapiens"... ¡La Nuestra!

En todas las especies, animales y humanas, la hembra es más apacible que el macho – no tiene que luchar con otros machos para aparearse. También su aspecto físico es diferente: usualmente la hembra es más chica que el macho y es menos llamativa... ¡la mujer es una excepción!

Las diferencias del cuerpo y de la mente entre ambos sexos son considerables…

¡Qué novedad!

¡Pero no todas las diferencias son obvias!

El 99% del tiempo de la evolución, el "Homo Sapiens" vivió en África en ambientes boscosos y en grupos familiares de entre 50 y 100 individuos.

Las ocupaciones principales de la mujer eran buscar plantas alimenticias: frutas, nueces, etc., de criar sus hijos, de mantener orden dentro de la vivienda y encontrar una pareja adecuada (un buen proveedor). Así era ella quien debía recordar la ubicación de las plantas alimenticias y de los utensilios dentro de la vivienda, razón por la cual las mujeres son más observadoras.

Los hombres, por su lado, poseen mayor capacidad de orientación y de organización, pueden muy bien situarse en el terreno y leer bien los mapas. Ellos necesitaban estas aptitudes para la caza y la guerra.

El comportamiento sexual de la mujer está determinado por el instinto materno de preservación de la descendencia. No siempre la mujer es fiel, pero la razón de la infidelidad es la preservación de la descendencia. La causa de la promiscuidad es conseguir el apoyo y seguridad económica de su otra pareja.

Sorprendentemente, varios estudios de ADN sobre el comportamiento sexual de los matrimonios, en las sociedades occidentales, demostraron que aproximadamente el 10% de los hijos no eran de su legitima pareja.

¡Promiscuidad no es nada nuevo ni nada raro!

El instinto sexual del hombre y de la mujer son muy parecidos en su intensidad, sin embargo las causas del comportamiento son muy distintas.
La sexualidad en el hombre consiste en una impetuosa necesidad biológica de diseminar sus genes: lo máximo posible. Para satisfacer su instinto el hombre actúa en forma directa... algunas veces violenta y busca pareja por su apariencia; que sea linda.
¿Pero qué es linda?
Linda es saludable y apta para la reproducción.
Actualmente, el ideal de la belleza femenina es una mujer joven con grandes senos y cintura estrecha. Una perfecta proporción entre el diámetro de la cadera y de la cintura es de 0.7.
No es sorpresa que los estudios médicos demostraron que las mujeres con estas características físicas tienen mayores posibilidades de quedar encintas y dar a luz a hijos saludables.
¡Lo que es lindo sirve para la reproducción!
En el hombre las posibilidades de conseguir pareja dependen de su riqueza y de sus aptitudes de ser buen proveedor.
El hombre aspira a la riqueza, el poder y el prestigio... la mujer a la protección de sus hijos y formar pareja con un hombre que le pueda ofrecerle seguridad, dinero y poder.
Así, la astucia y la premeditación son las estrategias de las mujeres. Razón por la cual la mujer es manipuladora, es biológica.
En la sociedad actual cada sexo hace alarde de sus cualidades:
El hombre hace ostentación con su BMW o su Rolex.

La mujer desea aparentar ser joven y saludable… con sus vestidos, cosmética, cirugía plástica, liposucción, etc.

En la especie humana los bebés nacen indefensos y necesitan largo tiempo de cuidados.
La madre, por sí sola, no puede cumplir con la tarea de alimentar y cuidar a sus niños y necesita ayuda.
Inclusive una madre soltera necesita una pareja estable.

Este es un punto de vista un poco cínico:
¿Por qué existe el amor?
El amor es un instrumento de la evolución que sirve para la preservación de la especie: para dispersar los genes de las personas que hacen el amor.
Actualmente dentro de las sociedades occidentales existe mucha confusión sobre los derechos de la mujer.
Las mujeres pertenecientes a las organizaciones feministas no creen en la separación de las tareas y demandan igualdad total.
¡Pero todos somos diferentes!...
¡Demandan la igualdad de los privilegios, pero no de sus obligaciones! Como el hombre NO puede dar a luz, también la mujer sola no puede criar a sus niños...
Todas las mujeres que siguen trabajando, teniendo chicos pequeños, ponen en peligro la salud mental y física de sus hijos; están estresadas, infelices y no cumplen con su rol de madres.

Últimamente los medios de comunicación critican las costumbres y religiones de Oriente.
Creo que no podemos criticar tradiciones de las culturas orientales si no tenemos nada mejor que ofrecerles.

En el mundo animal la diversidad del comportamiento sexual es asombrosa, pero siempre sirve para asegurar la supervivencia de la descendencia.
Aquí tenemos algunos pocos ejemplos de este comportamiento:

La hembra del pingüino "Adela" exige a cada uno de sus pretendientes una piedra, con las que construye el nido, antes de copular.

La hembra del pájaro "Blackbird" de alas rojas copula con distintos machos para asegurar la supervivencia de su cría: Cada macho, pensando que es padre, defiende a los pequeños contra los depredadores.

El macho de la araña "Espalda-Roja" segundos después de inseminar a la hembra salta dentro de su boca y así se convierte en su comida post-coito. Como el apareamiento y después el canibalismo dura mucho tiempo, su último sacrificio mejora la chance de que su propio esperma fertilice a la hembra.
¡El pobre macho no tiene mucha confianza en su pareja!

Se encontró en un estudio del año 1997 (usando ADN) que el 54% de los pequeños chimpancés no eran de la supuesta pareja de su madre… y ellos son la especie más próxima a los humanos.
¡Que increíble es la diversidad de costumbres sexuales!

MEMORIA – ¿PODEMOS DEPENDER DE ELLA?

Desde el punto de vista psicológico la memoria sirve para guardar, retener y recordar la información. Después, la tarea del intelecto es de comparar la información recordada, con la situación actual que puede ser igual, similar o totalmente diferente y de sacar conclusiones lógicas (lamentablemente, muchas veces no tan lógicas). Este proceso sirve para aprender – a no repetir errores. Acción absolutamente necesaria para todos los organismos vivientes con intenciones de sobrevivir.
LA MEMORIA ES UNA HERRAMIENTA DEL INSTINTO DE AUTO- PRESERVACION.

Sin embargo la memoria no es infalible, a veces es una mezcla de verdad y fantasía, y otras veces es absolutamente falsa...
Recolecciones de la memoria pueden ser deformadas por factores externos; sugestiones de padres o consejeros, opiniones de personas autoritarias, eventos desatinados, etc. – o por factores internos: imaginación, fantasía, deseos, emociones, traumas, o inclusive de los sueños, que pueden ser tomados como reales.
Pero cuanto el trauma psicológico es demasiado fuerte puede provocar una total perdida de la memoria – amnesia. Es una estrategia de la mente para mantenerse en un estado relativamente sano; olvidándose de la experiencia traumática.

¿De qué manera podemos saber si nuestra memoria es verdadera?

No es tarea fácil: mayormente no somos concientes de que es errónea. Necesitamos ayuda del exterior para darnos cuenta de nuestro error; de alguien que pueda corregirnos y señalar nuestra equivocación.

Es muy inconveniente que no podamos depender totalmente de nuestra propia memoria.

¿Entonces, de qué podemos depender?

Desde ya, que hasta cierto punto, tenemos que depender; pero tenemos que estar siempre atentos y concientes que no somos dueños de toda la verdad y debemos ser tolerantes.

¡Otras personas pueden tener diferentes recuerdos!

Yo recuerdo una película japonesa de un asesinato, donde cada uno de los siete testigos relataba totalmente diferentes versiones de lo que realmente había pasado y quien era el asesino.

La historia, es la memoria de gran cantidad de personas: país, nación, imperio, reino, monarquía, etc.

Lamentablemente, lo que sabemos de la historia es en muchos casos incorrecto:

No intencionalmente sino por las creencias equivocadas, memorias erróneas, etc.

A propósito, por que la historia la escriben los vencedores.

Sin embargo, inclusive con todos estos defectos, la historia nos proporciona una enorme ventaja… Poder predecir el futuro basándonos en el pasado.

¿Pero cuántas de mis memorias personales, especialmente del tiempo de la guerra, son erróneas?

Mayormente esto no importa, aunque de cualquier modo ya no tengo la posibilidad de averiguarlo. Todas las personas que conocí en aquellos tiempos, no están vivas. Pero tuve un caso "hipotético" de amnesia cuando era joven, durante la guerra. No tengo prueba alguna excepto mi increíble sensación.

Aproximadamente 30 años después de la guerra viajamos con mí esposa a Varsovia, mi cuidad natal, donde pasé mi juventud bajo la ocupación Alemana. Fue un tiempo terrible: todos los días tuvimos que soportar asaltos, batallas, y masivas ejecuciones.
En esta ocasión visitamos a amigos, familiares y lugares donde había vivido anteriormente. Sin embargo, de paseo por el parque a través del cual iba a escuela y en sus cercanías vivía parte de mi familia, sentí una increíble sensación de horror. No tengo ningún recuerdo de algo que hubiera ocurrido en aquel lugar. Esta fue la última ocasión en que fui al "Saski Park", ya que hasta cuando veía de lejos sus altos árboles sentía la misma sensación de terror.
Luego de 15 años retornamos a Varsovia, sin embargo no me había olvidado de la horrible sensación. Desde ya, que una de las primeras cosas que hice fue ir al parque. La misma sensación me invadió. Decidí entonces comenzar a investigar dónde exactamente comenzaba mi horrible sensación. Así empecé la búsqueda del lugar exacto de mi sensación. Caminé en una dirección y después en otra y finalmente encontré el lugar exacto, que es aproximadamente a cinco metros de distancia de un viejo árbol, cerca de la entrada al parque desde la calle "Marszalkowska".

No pude recordar nada. Pero en este lugar muchas batallas y ejecuciones habían tenido lugar. Era cerca del antiguo gheto Judío.

Me senté sobre un banco y empecé a concentrarme. En seguida terribles imágenes aparecieron, pero eran tan fuertes y me daban tanto miedo que no pude seguir más y deje este misterio sin resolver. Hasta ahora no puedo recordar lo que había pasado allá; pero estoy seguro que algo ocurrió…

¿Qué?

¿Era una víctima?

¿Pude observar algo terrible?

Nadie está ya con vida para poder decirme lo que pasó en este lugar.

El segundo caso de amnesia es real y no es mi imaginación.

Hace aproximadamente 15 años un accidente de coche me dejó más muerto que vivo. Después de mucho tiempo desperté en el hospital. No recuerdo lo que pasó y hay una brecha de algunos meses anteriores al accidente que desaparecieron de mi memoria. No me di cuenta que esta brecha era tan extensa, hasta que un familiar me preguntó cómo había pasado Pascuas en su casa… Yo no me acordaba de nada. Solamente en ese momento me percaté que no recuerdo los sucesos de varios meses anteriores al accidente; por que el accidente tuvo lugar luego de las Pascuas.

Ahora quiero introducir una pregunta sin respuesta. Es sorprendente pero a veces, la memoria no depende totalmente de las reacciones químicas ni de las conexiones eléctricas dentro del cerebro.

La relación entre el cuerpo material y la mente inmaterial es estudiada desde mucho tiempo, aunque nadie encontró la respuesta a esta fascinante cuestión.
¿Pude ser que no haya respuesta?

EL DEPORTE: IMPRESCINDIBLE
INSTRUMENTO DEL DESARROLLO HUMANO

Los deportes son elementales para los seres humanos.

Todos, en algún momento, tiramos una piedra o una pelota, disfrutamos de algún juego con un amigo o corrimos a través de los campos y formamos un equipo para competir en juegos de destreza. Siendo el marco de esto el entusiasmo y placer que producen los juegos, las carreras y diversiones.

Los deportes nos enseñan lo que es necesario y útil, y es una herramienta imprescindible en el desarrollo humano. Es algo que nos define como humanos y que permite descubrir nuestros orígenes. Además los juegos logran cambios en la vida de las personas y hasta el destino de las naciones.

La gente jugó siempre y en todas partes; saltando sobre toros en Creta o arrojando pelotas de goma en el antiguo Méjico. Aquí la similitud se termina... por que en Méjico el capitán del equipo perdedor era "recompensado" siendo decapitado. Sin embargo algunos arqueólogos sostienen que era el capitán del equipo ganador el que era decapitado como sacrificio a los dioses.

Para comenzar con nuestro tema específico tenemos que separar a los deportistas de los espectadores.

El deporte, por lo menos en teoría, es una actividad que debería mantener el cuerpo en buen estado físico y la mente lúcida y alerta. Sin embargo hoy en día no es tan así. Los deportistas arriesgan su vida y salud para ganar a cualquier precio. Es una regla entrenarse hasta el total agotamiento.

El resultado es obvio… muchos deportistas retirados sufren de enfermedades causadas por sobreentrenamiento.
¡La competición es tremenda!

Hace ya mucho tiempo, "durante la época antediluviana" existía lo que se llamaba "espíritu de lo deportivo", un concepto que actualmente se ha perdido. Se refería al "juego limpio" y manteniendo un buen comportamiento.
¿Extrañas ideas?...

Cuando el deporte se convirtió en un "Gran Negocio", muy "Grande", cuando enormes carteles cubrieron todos los espacios en los estadios, cuando los derechos de la televisión para las trasmisiones subieron al cielo, entonces la esencia del deporte se perdió para siempre... Desapareció también la división entre profesionales y amateurs y el deporte se transformó en un "GRAN COMERCIO"… ¡Nada más!

Todos los que saben patear una pelota, o correr rápido o superarse en cualquier deporte, se convierten inmediatamente en millonarios y en ídolos adorados por muchedumbres.

Para los espectadores es un medio para descargar, algunas veces inconscientes, tendencias de violencia, de fanatismo nacional e instintos básicos aterradores.

¿Por qué hay tantos fanáticos hinchas de football en todos los países?

¿De dónde aparece esta energía emocional que se manifiesta en espectadores y deportistas? En primer lugar son las descargas de las tendencias agresivas, como ya mencione anteriormente.

Todo deporte competitivo donde juegan dos equipos, es nada más y nada menos que una forma de guerra. No se libra en campos de batalla, pero sí en estadios.

Esto no es todo; la historia del deporte se remonta a los albores de la humanidad. En esa época, los juegos entre equipos de chicos con palos, arcos, etc.... eran la preparación para la caza o para la guerra.

Las niñas jugaban con muñecas, que podían ser de cualquier trapo y así las preparaba para ser madres.

Sin embargo, hoy en día la influencia de muchas asociaciones: como la de los derechos de la mujer, la de los derechos humanos, etc. pregonan la igualdad de los sexos. Esto hizo que actualmente las mujeres integren las fuerzas armadas, sean pilotos de aviones de combate, etc.... y ejercen posiciones no correspondientes a sus habilidades innatas ni a sus instintos... Muchas tareas que pertenecían exclusivamente a los hombres desde los principios de la humanidad, ahora pertenecen también a la mujer; lo que hace que cualquier mujer normal se sienta infeliz y fuera de lugar.

Sin embargo, hay todavía otro componente que hace a los deportes tan emocionalmente estimulantes. Cuando por primera vez los humanos se volvieron verdaderamente humanos, bailaban alrededor del fuego en las cuevas...

primitivos ritos de fertilidad. Con el correr del tiempo, se transformaron en festivales de fertilidad con una fuerte dosis de magia y religión.

En la mayoría de los deportes competitivos la pelota tiene que pasar a través del arco, anillo o cualquier otro agujero, sea grande o chico. ¡El simbolismo es obvio!

Los deportes son modernos ritos de fertilidad, por ello es que están tan cargados emocionalmente.

Cuando por primera vez los científicos observaron a través del microscopio el comportamiento de los espermatozoides descubrieron con gran sorpresa, que el comportamiento es idéntico al de jugadores de football... Se empujan, corren y quieren llegar primeros a la meta... hacer el gooooooool, o en el caso de los espermatozoides, fecundar al óvulo.

¡La similitud es más que casual!

Los deportes tienen la fuerza de unir a la gente, aunque también de separarla.

Las Olimpiadas como la mayoría de los eventos deportivos se volvieron nada más, que un recuento de medallas. ¿Cuántas medallas gano cada país?

No se trata de la belleza de movimiento o la destreza del deportista: solamente de... ¿Qué país ganó más medallas?

Así cuando un partido se juega entre países el fanatismo chauvinista levanta su cabeza.

Sin embargo esta locura nacionalista puede tener un fin trágico.

Un ejemplo solamente: Toda la actitud del pueblo argentino cambio radicalmente después de ganar el campeonato mundial de football en 1978. El consciente colectivo quedó todavía más xenófobo que antes. Como todas las guerras, también la guerra por las islas Malvinas, no empezó con el primer disparo, no por que algún general o dictador lo ordenó, sino por que la mente colectiva estaba preparada para la guerra.

Los deportes son como todo, cuando se juegan con moderación son un excelente método para el desarrollo personal y sirven para mejorar la salud y para el adelanto de la sociedad. Sin embargo cuando se vuelven obsesión, destruyen la mente, la salud y la sociedad.

En mi opinión los juegos Olímpicos se terminaron cuando,   alrededor de 1970, el deporte amateur se transformó en un negocio profesional.
¡Este fue el triste fin de los juegos olímpicos!

Es pura coincidencia, pero mientras estoy escribiendo este capítulo, están finalizando las Olimpíadas del 2008.
¡El mayor espectáculo de mundo!
Todo es perfecto: la organización, la espectacular inauguración de los eventos deportivos: todo es inigualable.
El Gobierno Chino quería lucirse y el gasto no tenía importancia. Mi primera impresión fue de admiración. Pero… ¡siempre hay un pero! Así que empecé a mirar con más detalle…. ¿Y que encontré?
En primer lugar una enorme presión sobre los competidores: tenían que ganar a cualquier precio... Es evidente que en el futuro los deportistas van a sufrir las consecuencias del sobreentrenamiento, y que muchos quedaran inválidos por el resto de sus vidas.
¿Vale la pena?

China se volvió una fábrica de deportistas, donde cada competidor se transformaba en un títere con la obligación de ganar una medalla.

Mi impresión era de desconcierto: son personas reales o títeres que bailan lo que les ordena el "Gran Hermano".

Me hicieron recordar las Olimpíadas de Berlín en 1936, o a los deportistas de atrás de la "Cortina de Hierro", antes del derrumbe del comunismo.

Es un hecho indiscutible que vivimos en un mundo competitivo: ¡Demasiado competitivo!

DE QUE MANERA LAS CONDICIONES AMBIENTALES CAMBIAN LA PERSONALIDAD

Las condiciones ambientales juegan un papel decisivo en la formación del cuerpo físico y de la mentalidad. Por ejemplo la gente que vive en climas fríos tiene la piel más blanca que las personas que viven en climas tropicales: donde la piel toma un color más oscuro para proteger al cuerpo de la radiación solar.

Un buen ejemplo se puede encontrar en Europa. En general la mentalidad de la gente del norte europeo es "temporal"; en tanto que la mentalidad de los pueblos del sur de Europa es "atemporal". Pero, ¿qué significa?
La diferencia es abismal, tanto que no existe comprensión entre estos pueblos.

Como siempre para encontrar la solución tenemos que mirar al pasado.
¿Cómo evolucionó la mentalidad "temporal"?

Para poder sobrevivir era imprescindible acumular combustibles y alimentos para los crudos inviernos. Los depósitos tenían que estar muy bien organizados y todo debía ser perfecto y a su debido tiempo; antes del invierno. Alimentos preparados, madera depositada, vestimenta arreglada. ¡Todo listo, organizado y a tiempo!

La mentalidad de esta gente era disciplinada, siempre mirando hacia adelante, haciendo planes, y previendo el futuro.

No vivían el día de hoy. Sus mentes estaban proyectadas al futuro y recordando el pasado para no repetir errores cometidos anteriormente.

Están atados al tiempo y son exageradamente puntuales... los así llamados *esclavos del reloj*. Con mentes cerradas y algunas veces intolerantes, de mentalidad materialista, viven una vida estresada, piensan qué les deparará el futuro y no pueden expresar bien sus emociones.

Son serios y con poco sentido del humor. Pero son hombres de acción: guerreros y conquistadores. Normalmente consiguen lo que quieren, pero siempre quieren más y más, no tienen límites. Son leales a la sociedad. La colaboración de todos, era y es necesaria para la supervivencia.

Estos países están bien organizados, relativamente libres de corrupción y gozan de gran progreso y bienestar material. Son los así llamados "Países Desarrollados".

La gente "atemporal" generalmente habitaba ambientes de climas cálidos y condiciones ambientales favorables, así que sus mentes evolucionaron en forma diferente.

¡Sobrevivir era más fácil! No se necesitaban organizar los depósitos, ni prever los futuros acontecimientos, ni acumular provisiones para el invierno. Tampoco era imprescindible la colaboración de la sociedad. Al gobierno lo consideran un estorbo, por lo tanto evitan pagar los impuestos y la corrupción es frecuente. Sin embargo son leales a sus familias. El nepotismo y la corrupción están normalmente asociados a los "Países en Desarrollo".

La gente "atemporal" no es puntual. En lugar de organizar, improvisan. Sus mentes son caóticas y extrovertidas: gozan de la "buena vida", les gusta bailar, cantar y son despreocupados ¡Vivir el ahora!... No se preocupan por el futuro y no se interesan por el pasado.

Desde ya no existen las mentes "temporales" o "atemporales" puras. Sí existen las mentes con tendencias de vivir solo el día de hoy o aquellas que se preocupan por el futuro.

Sin embargo hay una gran incoherencia en esta teoría. Normalmente las personas que viven en medioambiente frío son corpulentas y de baja estatura, aunque no es así con las personas del norte de Europa que son altas y esbeltas.
¿Cómo es posible?
Sus cuerpos deben haber evolucionado en climas cálidos y la única explicación a este enigma es que sus cuerpos evolucionaron antes que sus mentes.

Así hace mucho tiempo las tribus del norte Europeo se desplazaron desde el clima cálido de África, donde sus cuerpos evolucionaron, hasta los climas fríos en el Norte de Europa; donde sus mentes evolucionaron.

Esto es solamente mi suposición y no tengo pruebas de la veracidad de mi hipótesis.

INCONSCIENTE COLECTIVO
(En adelante lo llamaré IC)

IC es el término empleado por el psicólogo Dr. C. Jung para describir una parte del subconsciente que contiene memoria e impulsos, de los cuales el individuo no es conciente. Según el Dr. Jung contiene: arquetipos, imágenes universales e ideas.

Como todas las demás características mentales el IC es un instrumento esencial para la supervivencia. Cuando un grupo de seres humanos primitivos iba a cazar o a pelear con otra tribu, era imprescindible un vínculo mental entre todos sus miembros para lograr una mejor estrategia para la caza o para la guerra. En estos casos el IC es esencial.
La posibilidad de supervivencia o que la caza sea exitosa, es mucho mayor para un grupo de hombres, que para uno solo.
Además es más fuerte entre los hombres, que entre las mujeres, razón por la que hay menos mujeres fanáticas de un club de fútbol, o que pertenezcan a una pandilla.

Es extremadamente difícil conocer la existencia del subconsciente colectivo. Es como el aire que respiramos; sabemos que existe pero no nos damos cuenta.
La única manera de conocer el IC es comparando nuestras creencias, nuestros criterios éticos, nuestros valores y nuestras maneras de pensamiento, con las de otras sociedades humanas.
Tenemos que observarlos en forma imparcial; sin juzgar y con criterio propio.

Lamentablemente, nuestra mentalidad juzga, rechaza y condena cualquier criterio que difiere del nuestro. ¡Es mucho más fácil rechazar que comprender!

Pero cuando siempre estamos de acuerdo con la mayor parte de la sociedad... ¡Cuidado!

¡Es nuestro IC que nos controla y está pensando por nosotros!... ¡No somos nosotros!

El IC no tiene razonamiento, ni piedad, ni compasión, actúa únicamente por impulso, tiene mentalidad propia y es independiente de las mentalidad de las personas... ¡inclusive puede ser lo opuesto a la mentalidad consciente de las personas!

El mejor ejemplo son las famosas barras bravas de los clubes del fútbol, se convierten en grupos totalmente incontrolables, violentos y agresivos. No es extraño que en estas situaciones hasta un grupo de profesores de la universidad en una cancha de fútbol... se convierta en bestias.

Toda la humanidad tiene su propio y único IC.

(Seria interesante conocer la mentalidad de Neandertal, nuestros primos lejanos; lamentablemente ya extinguidos... ¿En que se diferenciaban de nosotros?)

Además, cada grupo humano tiene una parte del IC universal: sea nación, club social o deportivo, pelotón militar, o cualquier otra agrupación de personas, pequeña o grande.

El IC cambia con el transcurso del tiempo. ¿Cómo pensaban nuestros antepasados?

Aquí daré algunos ejemplos:

Nuestros tatarabuelos tenían otros criterios y otros valores. Durante la época Medieval construían grandes catedrales sabiendo que su construcción duraría cientos de años y que exigiría un enorme esfuerzo de varias futuras generaciones.

¡Pensaban en forma diferente y totalmente incomprensible para nosotros!

Actualmente, ¿alguien construiría una autopista que pudiera ser transitada sólo de aquí a 200 años?

Nuestros antepasados creían que su enorme esfuerzo valía la pena y que tenía sentido; lo hacían como una ofrenda a Dios.

En la época del Renacimiento cambió el IC; terminó la construcción de catedrales y la gente se dedico más a la ciencia.

De la misma manera que una persona puede estar mentalmente enferma, sufrir esquizofrenia, demencia, psicosis; la sociedad en su conjunto, puede estar mentalmente enferma.

Creo que el IC de nuestra cultura occidental es autodestructivo y absurdo. Las películas son violentas, de horror y de una mórbida fantasía. La música es agresiva y estrepitosa. Las pinturas presentan cuadros de monstruosidades y de horror. La literatura es prácticamente inexistente; comparándola con el Siglo 19.

Cuando veo el desarrollo del arte, que es una expresión del IC me dan escalofríos. ¿Cuál será nuestro futuro?

He notado que el IC del pueblo norteamericano entró en una fase sumamente peligrosa. El nacionalismo llegó a un punto absurdo. El lavado de cerebro por los medios de comunicación masiva produjo una desorientación terrible en las mentes del pueblo. ¡Por todas partes se ven banderas y el fervor patriótico es enorme! Es comparable a lo que escuchaba y observaba durante la Segunda Guerra Mundial en la Alemania Nazi. En todos los edificios flameaban banderas y se escuchaban marchas militares. ¡Termino mal, muy mal!

¿Se necesitará una hecatombe similar a la de los alemanes para que el pueblo de Estados Unidos recapacite y cambie su IC?

Hace ya muchos años escuché una curiosa teoría, aproximadamente cada seis siglos se produce un profundo cambio del IC, de las tendencias, objetivos y del rumbo histórico de todos los habitantes del planeta. Estudiando la historia encontré a esta teoría sorprendentemente acertada... algunos ejemplos:

En el Siglo XII AC el faraón Akhetanon introdujo la primera religión monoteísta en Egipto. Fin de la civilización Minoica en Creta. Guerra de Troya. Invasión de los pueblos Indoeuropeos a la India.

En el Siglo VI AC surgieron los grandes filósofos de la Grecia Antigua. Nació el Budismo y surgió el gran filosofo Majavira en India, así como Lao Tse y Confucio surgieron en China y en Persia , Zoroastro.

En el Siglo I DC surgen los principios del Cristianismo y fue el máximo desarrollo del Imperio Romano.

En el Siglo VI DC nació Mahoma y fue el inicio del Islam. El colapso de la civilización Greco Romana. Empieza la Edad Media. El abandono de la ciudad de Teotihuacan en Méjico. Empieza el abandono de las ciudades Mayas.

En el Siglo XI DC pleno desarrollo de la Época Medieval.

En el Siglo XV DC finaliza la Época Medieval y comienza el Renacimiento. Fue el descubrimiento de América por Colón. Surgen grandes pintores, científicos y conquistadores como Leonardo Da Vinci, Miguel Ángel, Copérnico, Galileo, Newton, etc.

De aquí en más es evidente que los cambios del IC suceden de manera más acelerada.

En el Siglo XIX de nuestra era, finalizó la época del Renacimiento y comenzó la época industrial con gran desarrollo de la literatura, con nombres como: Goethe, Shiller, Dostoievski, Tolstoy, Oscar Wilde, Víctor Hugo.
De la música, surgiendo compositores como: Beethoven, Brahms, Puccini, Verdi, Haydn, Tchaikowski, Chopin, Wagner, etc. Y también surgen grandes nombres de la ciencia y de la medicina con Darwin, Edison, Freud, Koch, Planck, Einstein, etc.
En este siglo se descubrieron las bases científicas de grandes inventos que sólo se desarrollarían cien años más tarde. Por ejemplo el automóvil, avión, la radio, la televisión, las computadoras y, lamentablemente, hasta la bomba atómica.

Fue el fin de la era Feudal y el nacimiento del nacionalismo marcado por la formación de estados (Alemania, Italia, etc.), en lugar de los existentes reinados.
El nacionalismo es la calamidad de nuestra época, donde el máximo sacrificio es dar la vida por la Patria en interminables guerras.

En el Siglo XX sólo se destacaron los inventos tecnológicos basados en los anteriores descubrimientos científicos. No surgieron genios de las artes, pintura, música ni de la literatura esto nos demuestra que el IC se tornó materialista. El único valor es el bien material. ¡Hay que poseer bienes; inclusive sacrificando felicidad y salud!

Este tipo de pensamiento sólo conduce a la codicia, a la exagerada competitividad, al esnobismo, a la infelicidad, a la ansiedad y el estrés.

Recuerdo que durante mi juventud, hace ya 80 años, no había tantos adelantos técnicos y la gente tenía otros valores; eran menos materialistas, más tranquilos y llevaban una vida más sosegada
Sin embargo el IC cambió drásticamente con el agravante que ahora los cambios se dan cada pocas décadas.
¿Por qué cambia el inconsciente colectivo?

CONCIENCIA Y EL CONCEPTO DEL BIEN Y DEL MAL

¿Qué es la conciencia?

En términos filosóficos es la facultad mental que distingue entre lo bueno y lo malo.

Ya sabemos que existe en los animales, naturalmente en forma incipiente.

Cuando tenemos que tomar una decisión es imprescindible estar conciente y bien despierto. Y la conciencia actúa como árbitro que escoge y decide qué acción, entre todas las posibles, es conveniente tomar.

Aquí daré un simple ejemplo:

Cuando un hombre es atacado por un león; tiene las siguientes opciones.

a) El instinto de supervivencia le ordena escaparse. Es una acción instintiva al sentir miedo.

b) El razonamiento le sugiere, suponiendo que hubiera un árbol cercano, que tiene la opción de treparse y de salvarse. Recordó que anteriormente, de igual forma salvó su vida... En este caso la decisión es simple; salvar su vida de una o de otra manera.

c) Si su hijo se encuentra en peligro de ser atacado por el león, su deber familiar y el amor a su hijo le ordena defender al pequeño (una ley moral). Tiene dos opciones, huir y salvar su vida o sacrificar su vida y salvar a su hijo.

¡Es la conciencia la que tiene que decidir!

Este es un simple ejemplo; pero en la vida diaria estamos obligados a tomar decisiones que nos producen estrés; tan de moda en nuestra civilización.

Cuando tenemos que tomar una decisión; sea en el día a día laboral, social o en el aspecto sentimental, no sabemos a qué atenernos. Necesitamos una guía de comportamiento. De esta forma surgió el concepto del bien y del mal.

… Lo correcto es actuar bien… Pero ¿qué significa esto?

El bien comprendido con estos parámetros sería: conseguir el máximo bienestar para uno mismo, para la esposa, los hijos, los padres y demás familiares.

En segundo plano obtener el progreso y bienestar del grupo social; del clan, de la tribu, de la nación, o inclusive del club de fútbol al cual pertenece este ser humano.

El hombre forzosamente tiene que actuar conforme a sus instintos de supervivencia y reproducción (sexo). Pero vive dentro de una sociedad, y la sociedad obliga a que todos sus integrantes se comporten según las leyes que aseguran la estabilidad de esta sociedad, aunque la naturaleza humana, es justamente lo contrario.

¡Este es el mayor conflicto del ser humano! Este conflicto es causado principalmente por el amor y el matrimonio; muy importante para la estabilidad de la familia y de la sociedad.

Cuando un ser humano tiene que escoger entre el instinto sexual y su obligación moral (matrimonio), mayormente es el instinto el que prevalece.

¡El instinto es mucho más fuerte que todas las leyes, obligaciones morales o deberes!

Es el mismo conflicto que ofrece ilimitado tema para los escritores, poetas, películas, obras de teatro, etc., y por otro lado proporciona muy buenos ingresos a los abogados, jueces, curas, psicólogos, etc.

Desde los mismos albores de las civilizaciones fueron escritas leyes que debían ser obedecidas obligatoriamente por todos los integrantes del grupo. Por ejemplo el código de Hamurabi (probablemente el de mayor antigüedad), el Romano, el de Napoleón y muchos otros.

En la actualidad diariamente y en todos los países, aparecen nuevas leyes, decretos, etc.
También en todas las religiones existen mandamientos éticos y morales del comportamiento; por ejemplo los 10 Mandamientos de la religión cristiana, los ocho pasos del Yoga de Patangeli y los ocho pasos del Budismo. Todos son normas de conducta.

El concepto del bien y del mal no es universal, cambia con el tiempo y difiere en cada sociedad.
¡No es un concepto absoluto; es relativo!
Creo, que el hecho de viajar y de desplazarse nos dio una gran oportunidad de observar otras costumbres y otras reglas del bien y del mal.
Pueden no gustarnos, pero existen y forzosamente debemos aceptarlas.
La mente cerrada e intolerante es la consecuencia del desconocimiento de que existe un mundo distinto al "MIO".

En Polonia hay una breve anécdota escrita por un célebre escritor:
Preguntan a un pequeño negrito en África;
_ ¿Sabes qué es el bien y qué es el mal?

_ Si, contesta él; mal es cuando me roban una vaca.

_ ¡Muy bien!

_ ¿Y que es el "bien?"

_ Cuando yo robo la vaca. ¡Contesta el muchacho!

Esta pequeña anécdota es un ejemplo, por cierto muy exagerado, de que no todos tenemos los mismos criterios y que todas las reglas de conducta tienen validez solamente dentro de una sociedad: ¡no son universales!

Con el correr del tiempo, y con el crecimiento de la población, estos reglamentos se están complicando. Así tenemos; leyes, justicia e injusticia, jueces, abogados, policía, cárceles, etc., etc.

En contrapartida una gran parte de la sociedad vive a la sombra del mal; ladrones, asesinos, mafias, corruptos políticos.

A partir de aquí incluiré dos capítulos que tratan sobre las consecuencias de nuestras características mentales. Aparentemente no tienen nada que ver con nuestro tema específico pero los incluyo para demostrar que las consecuencias de estas características nos llevan a un camino sin retorno.

En mi próximo capitulo describiré las consecuencias de la codicia, excesiva competencia, ignorancia, etc.

En el siguiente me referiré a algunos ejemplos de la desaparición de civilizaciones locales y cómo nuestra civilización global actual, está yendo hacia la misma ruta sin retorno.

DESASTRE DEL SISTEMA FINANCIERO ACTUAL (2008/9)

Hace aproximadamente cinco años escribí un libro titulado "El colapso del modo de vida moderno" y lo edité hace dos. En el capítulo sobre la economía describo la insensatez del sistema financiero actual que, en casi todos los gobiernos del mundo, se basa en la masiva introducción de dinero al sistema monetario.

La recesión global del 2008/9 era predecible. La locura en la cual vivió y sigue viviendo casi todo el mundo durante los últimos 60 años sufre ahora sus graves consecuencias.

¿Quién inventó un sistema económico basado en tener año tras año un déficit presupuestario nacional? ¿Quién permitió a los gobiernos gastar dinero que no tenían y endeudarse excesivamente?

Esta deuda global es como la espada de Damocles que cuelga de un finísimo hilo sobre nuestras cabezas. ¡No existe una salida fácil!

El sistema financiero moderno debe crecer permanentemente, si se detiene empieza la depresión económica. Es como estar sentado sobre una bomba y no saber cuando va a explotar. Sin embargo la verdadera causa de esta recesión es desconocida para la mayor parte de la población.

Algunos sostienen que los culpables fueron las personas que tomaron hipotecas y luego no las pudieron pagar. Otros dicen que los culpables fueron los bancos que les prestaron dinero a esas personas sin tener en cuenta el riesgo inherente y una tercera versión afirma que culpa es de las compañías petroleras que al subir tanto el precio del petróleo, influyó para que la población se quedara sin dinero.

¿Puede ser que lo hayan hecho los marcianos?

¿De dónde obtuvieron los bancos el dinero para hacer préstamos tan significantes sin medir el riesgo? La respuesta es obvia… hay demasiado dinero en el sistema monetario...

Al tener permanentemente déficit en el presupuesto nacional, casi todos países emitieron una astronómica cantidad de dinero "imaginario", para cubrir las siempre crecientes deudas. Esto obliga a los bancos a prestar dinero cobrando intereses cada vez más altos y así comienza el efecto domino que recorre el mundo causando inestabilidad.

¡El endeudamiento sin limites NO es sostenible!... ¡¡¡¡ Punto!!!!!

¡El desarrollo y crecimiento sostenible son pura fantasía!... aún peor, son las tratativas de recuperar la economía que solo empeoran la situación. La ilimitada creación de circulante SIN RESPALDO intentando evitar la recesión, causa mayor inestabilidad.

La inherente inestabilidad de nuestro actual sistema económico es obvio, como la crisis asiática, el efecto tequila, etc. Pero no aprendemos la lección y no nos cuestionamos la causa.

Es tomado por sentado que cada país puede endeudarse y no tiene la obligación de pagar esa deuda.

¡Pero nada es gratis: todo tiene su precio!

Daré algunos ejemplos de las crisis que me tocaron vivir:

Al empezar la segunda Guerra Mundial en el año 1939 vivía en Varsovia bajo la ocupación alemana. La nueva administración mantuvo el viejo dinero Polaco "Zloty", que perdía valor día a día. Así el trueque y el mercado negro florecían.

Decidí hacer mi primer negocio más por aventura que por necesidad. Compré varios paquetes de carretéeles de hilo.

Mi idea era viajar al campo y cambiar este hilo por huevos y contrabandear los huevos a Varsovia.

¡Resulto un fracaso total! Los carretéeles eran prácticamente de madera sólida y tenían muy poco hilo, solamente había unos metros en la superficie, por lo tanto los pude cambiar por muy pocos huevos que comí ávidamente (tenía muy buen apetito). ¡Así terminó mi primera transacción comercial!

Fue mi primer encuentro con la realidad financiera y nunca olvidé la lección….

¡El dinero un día ESTA, y al otro día ya NO EXISTE!

Recuerdo que al finalizar la guerra estaba viajando en ferrocarril y arrojé por la ventana todos los billetes alemanes "Deutsche Mark" que tenía; uno por uno (con gran placer). ¡Ya no tenían ningún valor! Hitler introdujo el mismo sistema económico cuando emitió dinero SIN RESPALDO; espaldado solo en la ilusión y confianza. Debemos considerar que eran tiempos de guerra… ¡pero el resultado de este sistema monetario fue desastroso!

También durante mis 54 años en la Argentina tuve que sobrevivir a cinco crisis… las causas eran siempre las mismas.

Cuando después de una cíclica crisis convocaban a nuevas elecciones los políticos siempre prometían todo lo imposible para ganar. Después el nuevo gobierno, ya electo, empezaba a gastar dinero... que no tenía.

Entonces… ponían la imprenta a todo vapor, para emitir billetes. Resultado: comenzaba la inflación.

Los muy poderosos sindicatos obreros exigían mejoras salariales… ¡que siempre recibían!

Los precios subían a las nubes, y todo el proceso terminaba con hiperinflación, confiscación de los depósitos privados en los bancos, los precios de los inmuebles bajaban en 70%-80%, la construcción paraba completamente, la producción de coches bajaba en un 60% -70%, el desempleo crecía enormemente, luego disturbios callejeros y al final la caída del gobierno.

El nuevo gobierno restaba dos, tres o cuatro ceros al existente circulante y emitía nuevos billetes; pero ya con diferente nombre (peso ley, peso nuevo, austral, etc.)

Esto continuaba durante décadas. En total fueron trece los ceros cancelados del peso original.

Ahora la recesión global tiene el mismo origen y sin duda tendrá el mismo final. La única diferencia consiste en que los bancos ahora cuentan con dinero virtual que se transfiere muy fácilmente con un "clic de la compu".

Este capítulo lo estor escribiendo en febrero del 2009 y tengo una buena noticia.

!!!!!!!!!!En USA la gente empezó a ahorrar dinero!!!!!!!!!!!!

La auto-conservación y el miedo son buenos consejeros.

Aunque todo demuestra que los humanos actuamos únicamente bajo amenaza de peligro (desocupación).

Sin una crisis la gente entra en estado de apatía placentera y asume que los "" Buenos Tiempos" nunca terminarán.

Sin embargo "ahorro" es una mala noticia para la economía, pues para que la rueda funcione, es necesario que todos compren insensatamente, se endeuden y gasten lo que NO tienen.

¿No habría que cambiar el sistema económico a uno más sensato?

¡De no tomar medidas, el cambio aparecerá por sí solo!

Este sistema trajo increíble prosperidad, enormes avances en todas las ciencias, explosión demográfica pero también disolución de lazos familiares, vida estresada, y en general una sociedad descontenta.

No será fácil cambiar este sistema… pues se tendría que basar en una estricta disciplina monetaria; no más deudas, no más déficit… lo que resultaría en menor, pero genuino desarrollo, menor competencia, menos estrés y la población estaría más satisfecha.

La humanidad siempre pudo adaptarse a nuevas condiciones. ¿Podrá ahora?

¿Cuáles son las características mentales que nos indujeron a actuar de esta manera ilógica, llevándonos hasta una crisis tan profunda? Son, a mí entender, entre otras: codicia, snobismo, envidia, negación de la realidad inconveniente.

Al comienzo de la Era Industrial, la humanidad perdió los límites de estas tendencias negativas. Todas las religiones, que de alguna manera limitaban estos excesos, durante el Siglo 19, fueron olvidadas por la mayoría de la población.

UN POCO DE HISTORIA

¿Por qué desaparecieron tantas civilizaciones antiguas?
Es una pregunta cuya respuesta, sin dudas, decidirá el futuro de nuestra civilización.

A continuación trataré de describir la manera en que desaparecieron varias civilizaciones. Hasta hace poco tiempo las causas eran desconocidas. Sin embargo los últimos avances científicos, arqueológicos y la investigación de la historia permitieron descubrir las verdaderas causas.
¡Es una excelente lección que tendríamos que aprender todos!
La desaparición de civilizaciones pasadas puede atribuirse a varios factores:
1. Ataques de estados enemigos,
2. cambios ambientales (sequía, erupciones volcánicas, terremotos, etc),
3. desastres atribuidos al hombre (agotamiento de recursos naturales, errónea técnicas de irrigación, etc.)

Me ocuparé del tercer caso únicamente.

Algunos ejemplos:
Copan
Los antiguos Mayas ocupaban una extensa superficie en zonas de los actuales Méjico, Honduras y El Salvador.
Construían esplendidos templos y pirámides, tenían calendarios muy exactos, escritura jeroglífica y eran excelentes matemáticos.

Copan, una de muchas ciudades de la civilización Maya, era un pujante centro donde decenas de miles de personas tenían su hogar. Sin embargo a pesar de su importancia, Copan entró en decadencia.

¿Por qué?

El pequeño asentamiento, con el correr del tiempo, creció hasta ser un importante centro de la civilización Maya. Empezó a sobre poblarse, siendo cada vez más difícil obtener comida de los lejanos campos; el suelo se había agotado y no podía alimentar más a la creciente población.

Empezó el hambre, siguió la revuelta social, motines contra los gobernantes, guerra civil y el triste fin de esta espléndida civilización. A pesar de su riqueza, poder e importancia Copan se derrumbó. Ningún monumento fue construido después del año 822 de nuestra era. La gente abandonó la ciudad para no volver nunca más.

Alrededor del Siglo IX, lo mismo sucedió con otras ciudades Mayas como: Tikal, Uaxactun, Naranjo, Nahum, Holmul, Piedras Negras, Yaxchitlan, Bonampak, Palenque y algunas más.

Mashkan-shapir (Periodo Akadio) era una típica cuidad de la Mesopotamia pero a pesar de su espléndido desarrollo fue abandonada poco tiempo después de su fundación.

La razón: en la Mesopotamia, la irrigación era imprescindible para la producción agrícola.

Pero los ríos estaban a mayor altura que los campos, por lo tanto por la gravedad, el agua llegaba a los campos pero no tenía desagüe. De esta forma, el agua se evaporaba y dejaba sales. Con el tiempo la tierra quedo contaminada (salada) y no pudo producir más alimentos. Alrededor del año 2300 AC la producción agrícola disminuyó y consecuentemente la ciudad fue abandonada.

Pueblos Anasazi

Pueblo Bonito era uno de los más grandes e importantes pueblos del Canyon Chaco. Algunas casas tenían cuatro o hasta cinco pisos - logro increíble para esa época.

Sin embargo, desde el Siglo XII al XIII muchos pueblos fueron abandonados.

Los ciclos de sequía comenzaron justo en el período cuando la civilización Anasazi estaba en su apogeo y el lugar estaba densamente poblado.

Aun con buenas precipitaciones los Anasazi explotaban sus campos al máximo. Sin lluvias era imposible alimentar a la siempre creciente población. Empezó el hambre y la gente abandonó los pueblos del Canyon Chaco para siempre.

En mi opinión creo que los Anasazi abandonaron el Canyon Chaco en dirección sur durante el Siglo XII y arribaron a Méjico durante el Siglo XIII, formando el formidable imperio Azteca.

En la ciudad Maya pre-clásica de la región del "Mirador" los habitantes construyeron templos que cubrían con una gruesa capa de yeso. Recientemente, los arqueólogos estimaron que para la fabricación del yeso - quemando piedra caliza – insumían una enorme cantidad de leña que obtenían de todos los bosques de los alrededores. Esta tala de bosques provocó la erosión de los campos haciendo que ya no fueran propicios para seguir alimentando a los habitantes. Siguió el abandono del lugar.

Un gran ejemplo para aprender de la historia es la evolución de la cultura en "la Isla de Pascua". Esta cultura fue muy estudiada por los arqueólogos y tiene gran semejanza con el desarrollo de nuestra cultura, naturalmente en una escala mucho menor.

La Isla de Pascua está aislada del resto del mundo por la inmensidad del océano Pacífico, igual que nuestra civilización global está aislada por la vastedad del espacio interplanetario.

Hace 1500 años llegaron a la Isla los primeros navegantes. Los primeros siglos fueron la época de oro. Había abundancia de alimentos del mar y de los fértiles campos.

En la segunda etapa los habitantes desarrollaron el arte, las creencias, la escritura y la religión. Debido a sus creencias comenzaron a construir grandes esculturas de piedra, los Moais.

Cada familia, eran aproximadamente 1000, tenía que tener una, naturalmente un poco más grande que la del vecino.

Esto, no les suena familiar? …. MI familia tiene que tener un coche más grande que el del vecino"; "MI equipo de fútbol tiene que ganar"…
¡Desaforada competencia!

Para transportar estas colosales esculturas de piedra desde las canteras hasta donde las colocaban   frente al mar, usaron una enorme cantidad de rodillos de madera. Por lo tanto talaron todos los bosques de palmeras y así empezó la erosión del suelo. Al haberse quedado sin madera no pudieron ni siquiera construir botes de pesca.

La creciente población necesitó de mayor cantidad de alimentos, pero los campos estaban ya erosionados y agotados. Comenzó el hambre, el canibalismo y las guerras entre las distintas tribus, lo que llevó finalmente a la destrucción total de esta notable civilización.

De los miles de habitantes que llegó a tener la Isla sobrevivieron solamente unas pocas personas; asustadas y enojadas.

Recientes descubrimientos arqueológicos han demostrado el colapso de diversas sociedades como:

- En Centro y Norteamérica: Olmecas, Mayas, Zapotecas, Mixtecas, Teotihuacan, Toltecas, etc.

- En Sudamérica: Paracas, Nazca, Mochica, Tiahuanaco, etc.

La cultura Aguada en Argentina colapsó en el Siglo X sin dejar rastro alguno, de la misma forma que la cultura Cóndor Huasi desapareció en el Siglo II.

En Asia: Mohenjo Daro, Harrapas, Hittitas, Cananita, Angor Watt en Camboya, etc.

Menciono solamente unos pocos, los más conocidos. En algunos casos quedaron algunos sobrevivientes de las poblaciones originales, pero la organización, cultura y religión desapareció totalmente. La causa fue la destrucción del ambiente.

Por lo mencionado anteriormente, podemos decir que el crecimiento de la población, la riqueza, el desmedido consumo y la producción de basura son los mayores impactos ecológicos, lo que nos lleva a pensar que la destrucción de la civilización no está muy lejana.

Ésta es la situación de nuestra civilización Occidental: nos encontramos en la cima o muy cerca de la cima, sin embargo solamente algunas pocas personas están concientes de la inquietante situación. Todos están inmersos en disfrutar la vida, impresionar a los vecinos, y comprar la última novedad

Nuestra civilización difiere de todas las otras en un aspecto. Actualmente muchos científicos y ecologistas se dan cuenta de la locura de nuestro proceder, aunque nadie toma acción para evitar el inevitable colapso.

A pesar de nuestras brillantes características mentales, que nos permitieron semejantes logros, no tenemos capacidad de reconocer nuestras propias limitaciones.

CONCLUSIÓN

El tema de la mente es prácticamente inagotable, sin embargo debo detenerme en algún momento. Por lo tanto he decidido editar lo que escribí hasta ahora.

Espero continuar en el futuro y agregar más capítulos para una próxima edición de este libro.

¿Por qué actualmente "Somos como somos"? Porque sucedieron un enorme número de acontecimientos:

1) Porque la primera célula viva "apareció" en la tierra hace más de 4.000.000.000 de años. Fue evolucionando a través de incontables millones de años y se fue convirtiendo en los organismos que existen hoy en día. Es nuestro primer y más antiguo antepasado.

2) Porque hace 65 millones de años sobre la tierra cayó un asteroide que aniquiló a los dinosaurios y por consiguiente permitió la evolución de los mamíferos.

3) Porque hace 5 o 6 millones de años la sequía en África causó que las junglas tropicales se transformaran en los bosques semi-áridos, lo que obligó a nuestros antepasados a caminar sobre dos piernas y no saltar de rama en rama entre los árboles.
4) Porque nuestro antepasado hace 2 millones de años empezó a fabricar herramientas de piedra.

5) Porque hace más de 150.000 años, en alguna parte de África del este, evolucionó el Hombre Moderno (Homo-Sapiens-Sapiens).

6) Porque hace más de 100.000 años, la mente del ser humano evolucionó hasta la auto-conciencia.

7) Porque hace 50.000 años, el ser humano inventó las primeras lenguas.

8) Porque hace 10 mil años, el fin de la Era Glacial permitió el comienzo de la agricultura y por consiguiente de las civilizaciones urbanas.

9) Porque Alejandro Magno conquistó Asia.

10) Porque el Imperio Romano dominó el mundo Mediterráneo.

11) Porque Cleopatra tuvo un romance con César.

12) Porque Galileo, Newton y Copérnico revolucionaron el concepto del universo.

13) Porque los descubrimientos científicos en el Siglo XIX provocaron el florecimiento de la civilización industrial.

14) Porque la Revolución Francesa trastocó al mundo con sus ideas de libertad, democracia y justicia social.
15) Por que Hitler invadió Polonia y así comenzó la Segunda Guerra Mundial.

Porque una cadena de incontables acontecimientos tuvo lugar.

Nosotros somos el efecto de lo que sucedió anteriormente y también somos la causa de lo que sucederá en el futuro.

Por un lado, nuestra entera personalidad es el resultado de todas las características mentales (heredadas y adquiridas) y por el otro lado somos la consecuencia del infinito número de acontecimientos del pasado.

¡Hay poco lugar para el libre albedrío!

Somos como marionetas que bailan sobre el escenario de la vida, donde el destino se encarga de mover todos los hilos.

OBRAS DEL MISMO AUTOR

RELATOS Y LEYENDAS "Antigualas de Catamarca"
Editado 1984 - por el Club del Libro Cívico

MIS VIAJES POR LOS VALLES CALCHAQIES
Edición bilingüe en castellano & ingles
Editado 2005 - por El Aleph

EL COLAPSO DEL MODO DE VIDA MODERNO
Edición bilingüe en castellano & ingles
Editado 2006 - por El Aleph

¿QUIÉNES SON LOS JUDÍOS?
Edición bilingüe en castellano & ingles
Editado 2007

ALGUNOS RELATOS DE MI VIDA
Edición bilingüe en castellano & ingles
Editado 2008 - por El Aleph

MYTHS AND FACTS ABOUT THE FIRST TWO
CENTURIES OF OUR ERA
Edición en ingles.
Editado 2010 Lulu.com

PERSONAJE INOLVIDABLE. Mis aventuras con Vico
en el valle Yocavil.
Editado 2010 Lulu.com

www.ingramcontent.com/pod-product-compliance
Lightning Source LLC
Chambersburg PA
CBHW031236280526
45784CB00004B/1592